MERIAN *live!*

Spaziergänge in Barcelona

Sascha Borrée lebt als Autor und
Journalist in Hamburg, wo er frei für verschiedene Zeitschriften arbeitet. Viele
berufliche und private Reisen haben ihn
immer wieder nach Barcelona geführt.

Inhalt

Als stolze Spanier sehen sich die wenigsten Barcelonesen. Wer ihr gespaltenes Verhältnis zum spanischen Staat verstehen will, sollte die wechselnde Vergangenheit der Stadt und ihr stetiges Streben nach Unabhängigkeit erforschen.

Spaziergänge 16

Wissenswertes über Barcelona 128

✳ Karten und Pläne

5

MERIAN-**TopTen** MERIAN zeigt Ihnen die Höhepunkte auf den Spaziergängen durch Barcelona: Das sollten Sie sich unterwegs nicht entgehen lassen.

 1

Spaziergang 1
Museu d'Història de Barcelona

Das Museum entführt in die Ruinen der römischen Siedlung Barcino (▸ S. 22).

 2

Spaziergang 2
La Barceloneta

Ein kilometerlanger Strand mit einer berühmten Promenade (▸ S. 34).

 3

Spaziergang 3
Montjuïc

Vom Gipfel des Bergs bieten sich herrliche Ausblicke über Stadt und Meer (▸ S. 41).

 4

Spaziergang 4
Mercat de Sant Josep de la Boquería

In der berühmtesten Markthalle der Stadt kaufen auch Spitzenköche ein (▸ S. 57).

 5

Spaziergang 5
Palau de la Música Catalana

Prunk, Protz oder Peinlichkeit? Die überbordende Ornamentik des Musikpalasts polarisiert (▸ S. 68).

 6

Spaziergang 6
Sagrada Família

Die unvollendete Kirche ist weltberühmt (▸ S. 80).

Spaziergang 7
Plaça de la Virreina

Auf dem vielleicht schönsten Platz des Stadtteils Gràcia werden sonntags Kitsch und Kunst verkauft (▶ S. 88).

Spaziergang 8
Museu Picasso

Das meistbesuchte Museum der Stadt dokumentiert die künstlerische Entwicklung von Pablo Picasso (▶ S. 98).

Spaziergang 9
Tramvia Blau

Die Fahrt mit der historischen Straßenbahn den Hang hinauf wird zur nostalgischen Zeitreise (▶ S. 107).

Spaziergang 10
Rambla del Raval

Die Promenade ist der heimliche Hauptplatz des Szenebezirks Raval (▶ S. 118).

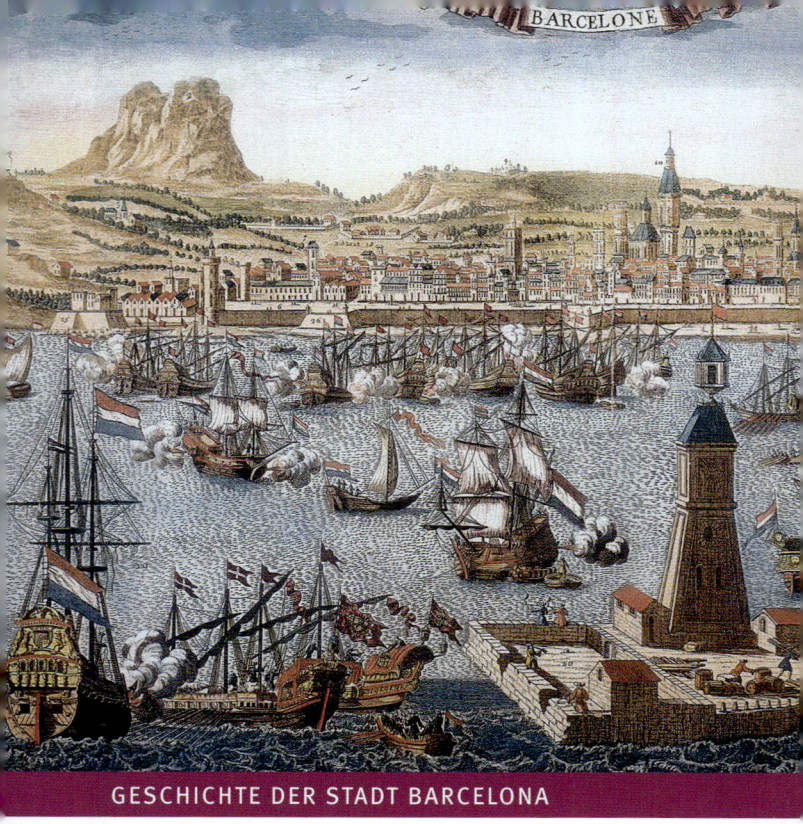

Stadtgeschichte(n)

Viva Espana? Von wegen: Ihre spanische Staatsangehörigkeit betrachten viele Barcelonesen keineswegs mit Stolz. Sie pflegen ihre eigene Küche, Kultur und Sprache, wünschen sich jetzt sogar verstärkt die Unabhängigkeit von Spanien – auf Außenstehende mag ihr katalanischer Patriotismus zuweilen fast penetrant wirken. Dass es jedoch tatsächlich gute Gründe für gemischte (National-) Gefühle gibt, beweist ein Rückblick in die bewegte Geschichte der Stadt.

◄ Mittelalterliche Darstellung der Graf-
schaft Barcelona mit dem Hafen und
dem Montserratgebirge im Hintergrund.

Am Anfang war die kleine Siedlung
bloß ein Spielball der Geschichte,
ein mehr oder weniger wichtiger
Mosaikstein im Kampf um die Vorherrschaft über das westliche Mittelmeer. Möglicherweise schon um
230 v. Chr. gegründet, wurde sie in
den folgenden Jahrhunderten von
Karthagern, Römern und Goten beherrscht.

Ihre Geschichte als eigenständige
Macht begann erst im frühen Mittelalter: Aus Nordafrika stammend,
kontrollierten die moslemischen
Mauren ab 711 n. Chr.
immer weitere Teile
der Iberischen Halb-
insel. Nur aus dem
Nordosten des Landes
wurden sie schnell
wieder vertrieben: 801
kamen die christli-
chen Franken nach
Barcelona – und mit
ihnen die Vorfahren
der heutigen Katala-
nen. Deren französi-
sche Herkunft lässt
sich kaum leugnen. So ist selbst das
zeitgenössische Katalanisch (»Català«) noch immer eng mit der im
Süden Frankreichs verbreiteten
Sprache Langue d'oc verwandt.

Fast jeder Besucher Barcelonas fragt
früher oder später, wie dieser starke
katalanische Nationalismus, dieser
unbedingte Wille nach größtmögli-
cher Unabhängigkeit vom spanischen Staat zu erklären ist. Die Geschichte liefert eine überzeugende
Erklärung: Mehrere Jahrhunderte
lang entwickelten sich Barcelona

Gründungsmythos
Hamilkar Barkas, der Vater
des legendären kartha-
gischen Feldherrn Hanni-
bal, soll Barcelona um das
Jahr 230 v. Chr. gegründet
haben. Unter Historikern
gilt dieser Mythos als umstritten, gut dokumentiert
ist dagegen die römische
Stadtgründung um 15 bis
10 v. Chr.

und sein Umland – also Katalonien
– vollkommen losgelöst vom übrigen Spanien, das teilweise bis ins
späte 15. Jh. durch die maurische
Herrschaft geprägt wurde.

Ein Staat gründet sich: die Grafschaft Barcelona

Währenddessen ging Katalonien
seinen eigenen Weg: **Karl der Große**
gründete 801 die Spanische Mark.
Mithilfe dieses Pufferstaats, zu dem
auch Barcelona gehörte, wollte der
Frankenkaiser einen weiteren Vor-
marsch des Islam verhindern. Zunächst verwalteten ortsansässige
Adlige die Grafschaften zwischen
den Machtblöcken, immer wieder
mussten sich die Gra-
fen von Barcelona ge-
gen maurische An-
griffe zur Wehr setzen.
985 gelang es den
Mauren sogar noch
einmal, die Stadt zu
erobern und zu zer-
stören.

Sofort plante Graf
Borell II., der damalige Herrscher über
Barcelona, die Rück-
eroberung seines Be-
sitzes. Auf die Unterstützung der
Franken, mit denen er eigentlich gerechnet hatte, konnte Borell II. allerdings nicht zählen. Als der Kriegs-
herr die Mauren auch ohne seine
fränkischen Alliierten vertrieben
hatte, sah er keinen Grund mehr, sich
weiterhin als Vasall des Kaisers zu
betrachten. 988 erklärte er Kataloni-
en für unabhängig. Schnell entwickelten er und seine Nachfolger das
kleine Land zu einem der fortschrittlichsten europäischen Staaten. Sein
Urenkel, Graf **Ramón Berenguer I.**,

erließ 1060 mit den sogenannten »Usatges« (Deutsch: Gebräuche, Gewohnheiten) eine eigene Verfassung, in der auch Grundrechte festgehalten wurden. Damals, im tiefen Mittelalter, war das europaweit ein einmaliger Akt.

Barcelona beherrscht das Mittelmeer

Die Grafen von Barcelona verstanden es, ihren Herrschaftsbereich immer weiter auszudehnen – vor allem durch eine geschickte Heiratspolitik. Dass Jahrhunderte später auch das Ende des unabhängigen Kataloniens durch eine Hochzeit eingeleitet werden sollte, muss daher wohl als besondere Ironie der Geschichte gelten. Zunächst konnte Katalonien aber 1137 mit dem benachbarten Aragón vereint werden. Beide Staaten verschmolzen zu einem gemeinsamen Königreich, das von Barcelona aus regiert wurde. Für die Mittelmeerstadt begann ein goldenes Zeitalter. Sie sicherte sich immer neue Seewege, schwang sich neben Venedig und Genua zu einer der wichtigsten Mächte auf, eroberte Mallorca, Menorca, Valencia, Sizilien, Sardinien, Neapel und Korsika, unterhielt sogar Kolonien in Griechenland.

Während weite Teile Spaniens noch immer maurisch kontrolliert waren, erlebte Barcelona so eine rund drei Jahrhunderte andauernde Blütezeit, die bis heute das Selbstverständnis der Stadt prägt: Eine komplexe katalanische Literatur entstand, mit den **Corts Catalanes** versammelte sich schon 1289 erstmals ein Parlament, in dem – für diese Zeit geradezu revolutionär – neben Adel und Klerus auch das Bürgertum vertreten war. Viele wichtige Bauwerke entstanden,

vor allem im **Barri Gòtic** prägen sie noch immer das Gesicht der Stadt: u. a. die gotische Kathedrale Sta. Eulalia, die Kirche Sta. Maria del Mar, der Regierungssitz Palau de la Generalitat, das Rathaus Casa de la Ciutat, die Börse La Llotja und das Kloster von Pedralbes.

Barcelona wurde zu einer echten Metropole, zur wichtigsten Siedlung ganz Spaniens. Auch die Tiefpunkte der Stadtgeschichte konnten den Aufstieg nicht dauerhaft aufhalten: Mehrmals wütete die Pest, 1347/48 fiel ihr ein Viertel der Bevölkerung zum Opfer. 1391 zerstörte ein wütender Mob das Viertel **El Call**, in dem die jüdische Gemeinde der Stadt bis dahin zwar ausgegrenzt, aber doch vergleichsweise unbehelligt gelebt hatte.

Das Ende der Unabhängigkeit

Erst im 15. Jh. begann Barcelonas Macht zu bröckeln. 1410 starb König **Martí I.**, mit ihm endete die katalanische Vorherrschaft im gemeinsamen katalanisch-aragonischen Staat – den jetzt die Könige von Aragón regierten. Dem spanischen Königreich Kastilien gelang es unterdessen, die Mauren endgültig von der Iberischen Halbinsel zu vertreiben. Entsprechend wuchs die Macht der kastilischen Krone. Als 1469 **Ferdinand von Aragón** und **Isabella von Kastilien** heirateten, vereinigten die beiden Herrscher ihre bis dato rivalisierenden Königreiche – das wichtigste Ereignis auf dem Weg zur Entstehung des spanischen Staates.

Doch mit der Vereinigung war auch das Schicksal Barcelonas besiegelt: Die Metropole verlor ihre privilegierte Position als Hauptstadt eines

Christoph Kolumbus zeigt dem spanischen Königspaar, was er von seiner Entdeckungsreise nach Amerika mitgebracht hat. Historiengemälde von Victor A. Searles.

souveränen Staats, im aufstrebenden spanischen Weltreich musste sie sich unterordnen. Die weitere Entwicklung Kataloniens wurde nun systematisch durch Kastilien behindert. So landete **Christoph Kolumbus** zwar in Barcelona, nachdem er 1492 Amerika entdeckt hatte. Hier wurde er auch noch vom Königspaar empfangen. Doch das Privileg, mit der Neuen Welt zu handeln – und damit deren immensen Reichtum auszubeuten –, erhielten die weiter westlich gelegenen Städte Sevilla und Cadiz.

Bald begehrten die Katalanen auf. Zweimal nutzten sie europäische Konflikte, um sich gegen den von Kastilien dominierten Zentralstaat zu erheben. Während des Dreißigjährigen Kriegs (1618–1648) trieb der spanische König **Felipe IV.** besonders hohe Steuern ein, sogar seine Truppen ließ er in Barcelona einmarschieren. 1640 rebellierte zunächst die hungernde Landbevölkerung: Erntehelfer, sogenannte Schnitter, töteten den spanischen Vizekönig. Der folgende, als »**Guerra dels Segadors**« (Krieg der Schnitter) bekannt gewordene Aufstand wurde von der gesamten katalanischen Bevölkerung getragen. Katalonien stellte sich gegen Spanien – und verlor gemeinsam mit den verbündeten Franzosen, an die es später sogar Gebiete abtreten musste.

Auch der Spanische Erbfolgekrieg (1701–1714), in dem die europäischen Königshäuser der Bourbonen und der Habsburger um die Herrschaft auf der Iberischen Halbinsel stritten, endete mit einer Niederlage für Barcelona, das die Habsburger unterstützt hatte. **Felipe V.**, Spaniens erster Bourbonenkönig, besetzte die Metropole nach langer Belagerung am 11. September 1714. Noch heute wird das Datum, an dem auch die letzten Relikte der katalanischen Souveränität verloren gingen, als Nationalfeiertag begangen. Die Spanier griffen hart durch – sogar der Gebrauch des Català wurde verboten. Mit einer mächtigen Festung, der **Zitadelle**, die in unmittelbarer Nachbarschaft des Hafens entstand, sollte die aufständische Stadt künftig in Schach gehalten werden.

Die Industrielle Revolution in Barcelona

Doch in der Unterdrückung lag auch ein Keim für eine erneute Blüte: Zwangsläufig entwickelte sich Katalonien – wieder einmal – ganz anders als das übrige Spanien. Da die Barcelonesen weiterhin vom hochprofitablen Handel mit den amerikanischen Kolonien ausgeschlossen blieben, erschlossen sie sich alternative Wirtschaftszweige. Bereits 1741 nahm die erste Textilfabrik der Stadt ihren Betrieb auf. Während der Rest des Landes die Industrielle Revolution verschlief, wurden in Katalonien bald immer mehr Manufakturen und Fabriken gegründet. Man verarbeitete vor allem Wolle, Baumwolle und Seide, Ende des 18. Jh. konnten hier bereits annähernd 100 000 Familien von der Arbeit in den 2000 Spinnereien leben.

Als die Stadt 1778 doch noch eine Erlaubnis für den Amerikahandel erhielt, wurde ihr Wachstum weiter beschleunigt. Jetzt entwickelten sich auch andere Wirtschaftszweige. Selbst **Napoleon Bonaparte**, der Barcelona 1808 besetzte, bremste den Boom nicht dauerhaft. Schon 1813 wurde er aus Spanien vertrieben. So blühte Katalonien im 19. Jh. wieder auf: 1826 leuchtete erstmals künstliches Gaslicht in Barcelona, 1836 nahm eine erste Dampfschifflinie ihren Betrieb auf. Die erste Eisenbahnlinie auf spanischem Boden folgte im Jahr 1848, sie verband die katalanische Metropole mit der Kleinstadt Mataró.

Auf der Suche nach Arbeit zogen immer mehr Menschen in die wachsende Stadt, doch ihr Traum von einem besseren Leben blieb oft unerfüllt. Denn während der Menschenstrom nicht abriss, wurde das wirtschaftliche Wachstum regelmäßig durch Phasen der Rezession unterbrochen. Wie auch in anderen aufstrebenden Metropolen des 19. Jh. lebten viele Leute unter teilweise katastrophalen Bedingungen: Barcelona platzte aus allen Nähten, Seuchen wüteten innerhalb der engen Stadtmauern, Fabrikarbeiter speiste man mit Hungerlöhnen ab.

Die Wiedergeburt der katalanischen Kultur

Das katalanische Bürgertum dagegen wurde nicht nur immer wohlhabender, sondern auch immer selbstbewusster. 1858 beschloss es, nördlich der Altstadt den neuen Stadtteil **Eixample** (Deutsch: Erweiterung) zu planen, um so das drängende Platzproblem zu lösen. Der Bau dieser Erweiterung, die die Fläche der Stadt mehr als verdoppeln sollte, zog sich bis ins 20. Jh. hin. Schachbrettmusterartig breitete sich das Eixample immer weiter aus. Schon allein durch die charakteristische Form seiner Häuserblöcke – quadratisch und mit abgeschrägten Ecken – lässt es sich bis heute auf den ersten Blick von älteren oder jüngeren Vierteln unterscheiden.

Eine kulturelle Wiedergeburt Kataloniens brachte die sogenannte »Renaixença«: Català, die katalanische Sprache, wurde wieder gesprochen, eine eigenständige zeitgenössische Literatur entstand. Mit dem **Modernisme**, einer Ausprägung des Jugendstils, entwickelte sich in Barcelona die erste rein katalanische Kunstrichtung. Auch der Wunsch nach politischer Autonomie wurde lauter. Dass die verhasste (und veraltete) Zitadelle, das Zeichen der Fremdherrschaft, geschleift wurde, hatte da schon symbolischen Wert: An ihrer Stelle – heute liegt hier der Parc de la Ciutadella – machte Barcelona durch die Weltausstellung 1888 weit über Spanien hinaus auf sich aufmerksam. Als Eingang auf das Ausstellungsgelände diente der neu errichtete Arc de Triomf, ein Triumphbogen im maurischen Stil.

Mit immer prächtigeren Bauwerken zeigte Barcelona seinen wachsenden Wohlstand. Reiche Industrielle beauftragten die fortschrittlichsten Architekten ihrer Zeit, ihre spektakulären Stadtpaläste entstanden im Eixample, vor allem entlang des Passeig de Gràcia. Der bekannteste dieser Baumeister, **Antoni Gaudí**, entwarf u.a. die einzigartigen Häuser Casa Batlló und Casa Milà, sie zählen bis heute zu den meistbesuchten Sehenswürdigkeiten der Metropole.

Doch eine weiter wachsende Kluft zwischen Arm und Reich verschärfte auch die bereits vorhandenen sozia-

> **In aller Munde**
>
> Man spricht wieder Katalanisch – und zwar nicht mehr nur zu Hause, sondern auch am Arbeitsplatz. In der Schule und in Universitäten wird oft sogar auf Català gelehrt, übrigens sehr zum Ärger vieler Spanier aus anderen Regionen des Landes.

29. Februar 1808: Französische Truppen unter Napoleon besetzen die Zitadelle von Barcelona und das Schloss auf dem Montjuïc. Gravur von Lluís Fabri, 1829.

Seit Jahrzehnten im Bau: Auf einer Fotografie aus dem Jahr 1909 ist der damalige Stand der Arbeiten an der Sagrada Família (▸S. 80) von Antoni Gaudí dokumentiert.

len Spannungen. Barcelona wurde zum Zentrum der anarchistischen und sozialistischen Bewegungen in Europa. 1893 verübten Anarchisten einen Anschlag auf das Opernhaus Liceu, 14 Menschen starben. Mehr als 100 Todesopfer forderte die »Setmana Tràgica« (Deutsch: Tragische Woche) von 1909, in der die Staatsmacht brutal gegen protestierende Arbeiter vorging.

20. Jh.: Diktatur, Republik und Bürgerkrieg

Während der beiden folgenden Jahrzehnte erlebten die Barcelonesen dann ein Wechselbad der Gefühle. Zunächst wurde 1914 die **Mancomunitat** ausgerufen – eine katalanische Regionalregierung mit vergleichsweise beschränkten Befugnissen, aber hoher symbolischer Bedeutung. Doch als sich 1923 der Diktator **Miguel Primo de Rivera** an die Spit-

ze des spanischen Staats putschte, schaffte er die Mancomunitat kurzerhand wieder ab. Allerdings war seine Herrschaft von kurzer Dauer: 1931 wurde die Zweite Spanische Republik proklamiert, 1932 erhielt Katalonien weitgehende Autonomie. Sogar zur Amts- und Schulsprache wurde das Katalanische jetzt erklärt. Auch die Republik blieb politisch instabil, sie überlebte nur wenige Jahre. Zu stark waren die extremen Kräfte, sowohl am linken als auch am rechten Rand. Mehrmals erhoben sie sich gegen die Demokratie, zunächst erfolglos. Bei den Wahlen von 1936 gewann schließlich die linksliberale Frente Popular, ein Bündnis mehrerer Parteien, dessen erklärtes Ziel es war, die junge Republik zu festigen. Eigentlich hätte der 19. Juli 1936 zu einem Festtag für Barcelona und die ganze Welt werden können: Die **Volksolympiade**, eine Gegenveran-

Die Generäle Emilio Mola und Francisco Franco (▶ S. 13) waren verantwortlich für den Militärputsch zu Beginn des Spanischen Bürgerkriegs im Jahr 1936.

staltung zu den nationalsozialistisch instrumentalisierten Olympischen Spielen in Berlin, sollte eröffnet werden – sogar ein echtes Olympiastadion war auf Barcelonas Hausberg, dem Montjuïc, entstanden. Doch am Vortag der geplanten Eröffnungszeremonie putschten Teile der spanischen Armee, geführt unter anderem vom späteren Diktator, General **Francisco Franco**. Zwar scheitert der faschistische Militärputsch zunächst in Madrid, Barcelona und Valencia, also den drei größten Städten des Landes. Doch die Putschisten konnten die Kolonien in Nordafrika, die Kanarischen Inseln und ländli-

chere Gebiete im spanischen Kernland unter ihre Kontrolle bringen.

Drei Jahre lang dauerte der nun folgende Bürgerkrieg. Auf der einen Seite gelang es den Generälen, die rechten Kräfte unter ihrer Führung zu versammeln. Von den jeweiligen Diktaturen in Deutschland und Italien wurden sie sogar militärisch unterstützt. Die Gegner der Faschisten – Demokraten, Sozialisten, Kommunisten und Anarchisten – ließen eine vergleichbare Geschlossenheit vermissen, unter ihnen kam es wiederholt zu heftigen Auseinandersetzungen. So war Barcelona nach Kriegsausbruch zunächst Schauplatz eines anarchisti-

> **Im Bürgerkrieg**
> »Während der letzten Wochen, die ich in Barcelona verbrachte, lag ein eigentümliches, böses Gefühl in der Luft (...) Obwohl man sich in Wirklichkeit nicht an einer Verschwörung beteiligte, zwang einen doch die Atmosphäre, sich wie ein Verschwörer zu fühlen.« aus: George Orwell, Mein Katalonien.

schen Experiments, das von den Kommunisten und mit Unterstützung des sowjetischen Geheimdiensts NKWD schließlich blutig beendet wurde. Paradoxerweise konnte die angegriffene Republik nur auf Hilfe aus der stalinistischen UdSSR zählen. Frankreich und Großbritannien, die beiden großen europäischen Demokratien, blieben neutral. 1938 wurde Barcelona von der italienischen Luftwaffe bombardiert. Im selben Jahr lieferten sich Republikaner und Faschisten dann die entscheidenden Schlachten, Anfang 1939 war die Republik geschlagen. Am 26. Januar marschierte die siegreiche Armee von General Franco in Barcelona ein. Viele Menschen waren vorab geflohen, andere blieben – und wurden zu Tausenden hingerichtet.

Die Jahrzehnte des Diktators

Unter dem faschistischen Franco-Regime litt Barcelona ganz besonders. Der selbst ernannte Generalissimo installierte einen starken Zentralstaat, den er von Madrid aus regierte. Jede Art regionaler Autonomie konnte seine Macht nur schwächen. Die Selbstverwaltung Kataloniens schaffte er daher wieder ab, auch die katalanische Sprache ließ er erneut verbieten. Mithilfe der Landbevölkerung, die es aus dem übrigen Spanien weiterhin nach Barcelona zog, versuchte die Zentralregierung fast systematisch, Kataloniens Kultur

---

Més que un club – mehr als ein Verein

Während der Franco-Diktatur galt dieses Motto des FC Barcelona ganz besonders. Fast wurde der berühmte Fußballverein schon als Widerstandsbewegung wahrgenommen. Die verbotene katalanische Flagge überlebte in seinem Wappen, Proteste gegen das faschistische Regime entluden sich regelmäßig im Stadion.

---

zu unterwandern – und erreichte genau das Gegenteil. Denn jetzt galt es als Zeichen des zivilen Ungehorsams gegen die verhasste Diktatur, katalanisch zu sprechen. Auch viele Kinder und Enkel der Einwanderer wuchsen zu überzeugten Katalanen heran. Folglich feierte ganz Barcelona, als Franco im Jahr 1975 endlich in hohem Alter starb. Das neue Staatsoberhaupt, König **Juan Carlos,** leitete die Demokratisierung des Landes ein. 1978 erhielt Katalonien ein eigenes Autonomiestatut, dessen Neufassung brachte 2006 noch zusätzliche Befugnisse für die Regionalregierung. Auf wichtigen Politikfeldern werden die Entscheidungen nun in Barcelona statt in Madrid getroffen. Als sogenannte **Autonome Gemeinschaft,** wie die spanischen Regionen offiziell heißen, verfügt Katalonien inzwischen sogar über eine eigene Polizei. Doch für viele Katalanen sind all das nur Schritte, die zwar in die richtige Richtung, aber längst nicht weit genug gehen: Sie wünschen sich einen souveränen, von Spanien vollkommen unabhängigen Staat. Meinungsumfragen sehen teilweise schon eine absolute Mehrheit für die Separatisten, bei Demonstrationen mobilisieren sie allein in Barcelona weit über eine Million Menschen.

Woher sich ihr unbeugsames Selbstbewusstsein speist? Sicherlich auch aus dem beispiellosen Boom, den

Camp Nou, das Stadion des FC Barcelona, verfügt über knapp 100 000 Plätze. Wer eine Dauerkarte für das Stadion erwerben möchte, muss jahrelang darauf warten.

Barcelona während der vergangenen drei Jahrzehnte erlebt hat. Verstärkt zog die Stadt internationale Investoren, etwa aus der Automobil- und Informationsindustrie, an. Als wichtiger Hafen-, Handels- und Messestandort gewann sie weiter an Bedeutung, natürlich auch als Ziel für Urlauber aus aller Welt. Vor allem seit den **Olympischen Spielen** von 1992 wuchsen Wirtschaft und Stadt mit rasanter Dynamik. Alte Stadtteile wurden modernisiert, ihr Charme und Charakter blieben dabei erhalten. Die Design-, Kunst- und Modeszene blühte auf, hochkarätige Museen eröffneten. Vor allem junge Menschen aus ganz Europa entdeckten Barcelona als ihr ganz persönliches Eldorado – eine aufregende Metropole mit scheinbar unbegrenzten Möglichkeiten.

So sonnig wie noch vor wenigen Jahren sieht die Zukunft der Stadt allerdings längst nicht mehr aus: Von der europäischen Wirtschafts- und Schuldenkrise ist Spanien besonders stark betroffen. 2012 betrug die Arbeitslosenquote landesweit rund 25 Prozent. Besonders dramatisch stellt sich die Situation der spanischen Jugendlichen und jungen Erwachsenen dar. Mehr als jeder Zweite unter ihnen findet keinen Job, schon spricht man von einer »verlorenen Generation«. In Katalonien sieht die Lage nicht viel besser aus als im Landesdurchschnitt, teilweise sogar deutlich schlechter: Keine andere spanische Region hat einen höheren Schuldenberg angehäuft, zuletzt mussten die stolzen Katalanen bei der Zentralregierung um Hilfe bitten. Doch eines lehrt der Rückblick in die Stadtgeschichte: Dass die Metropole bisher aus jeder noch so bitteren Krise irgendwann wieder gestärkt hervorgegangen ist.

Barri Gòtic – das historische Herz

Dicht an dicht stehen mittelalterliche Kirchen, Stadtpaläste und andere gotische Gebäude im Barri Gòtic, dem verwinkelten Kern der vor mehr als zwei Jahrtausenden gegründeten Metropole. Sogar in die römische Vergangenheit des antiken Barcino kann man hinabsteigen, erstaunlich viele Ruinen aus jener Zeit sind erhalten geblieben. Nur die prächtige, das ganze Viertel prägende Kathedrale ist bei genauerem Hinsehen längst nicht so mittelalterlich, wie sie gerne glauben machen will.

◄ Die Plaça del Rei ist einer der unscheinbarsten, aber auch einer der schönsten Plätze der Stadt.

START Metro Catalunya
ENDE Metro Liceu
DAUER 1,5 Stunden

Aus der Metrostation Catalunya gelangen Sie auf die monumentale **Plaça de Catalunya**. Der große Platz gilt mittlerweile als gefühltes Zentrum der Stadt, mehr als vier Fußballfelder könnte man auf seiner Fläche unterbringen. Und tatsächlich ist er bei Fußballfans besonders beliebt: Hier feiern die Unterstützer des FC Barcelona, wenn ihr Verein wieder einmal die Champions League gewonnen hat. Wenn bei den Heimspielen des Clubs ausnahmsweise die Gastmannschaft siegreich war, jubeln deren mitgereiste Anhänger ebenfalls zwischen den Denkmälern und Wasserspielen der Platzanlage. Auch sonst strömen Massen aller Art mit Vorliebe auf die Plaça de Catalunya, man nutzt sie für Konzerte und Demonstrationen. Die während der Wirtschaftskrise entstandene Protestbewegung des 15. März hielt den Platz sogar mit einem Protestdorf besetzt.

Ins Herz von Barcelona

Bis ins 19. Jh. lag die heutige Stadtmitte allerdings noch direkt vor den Toren der Stadt – der Spaziergang führt nun ins frühere, historische Herz von Barcelona.

> **Literarischer Reiseführer**
>
> Daniel, Held des Romans »Der Schatten des Windes«, deckt das Geheimnis eines mysteriösen Buchs auf. Barcelona dient als fantastische Kulisse dieses spannenden Weltbestsellers von Carlos Ruiz Zafón. Viele Gassen, Straßen und (Schau-)Plätze der Stadt werden ausführlich beschrieben.

An der südlichen Ecke des Platzes beginnen die **Rambles**; folgen Sie dieser berühmten Flaniermeile, über die der spanische Dichter **Federico García Lorca** einst sagte, sie verkörpere »das ganze Barcelona«, sie sei »die einzige Straße, von der ich mir wünschen würde, dass sie niemals endet«. Die Rambles verlaufen nicht schnurgerade, sondern in sanften Kurven bis zum Meer. Früher lag an ihrer Stelle das Flussbett des Malla, neben ihm stand lange Zeit die mittelalterliche Stadtmauer.

Rechts von Ihnen erstreckt sich jetzt das ab dem späten Mittelalter entstandene Altstadtviertel Raval, links das noch viel ältere Barri Gòtic – gehen Sie also links in den Carrer de la Canuda.

Im **Barri Gòtic** erwarten Sie einige der wichtigsten Sehenswürdigkeiten der Stadt, und zugegeben, angesichts der Menschenmassen, die sich durch seine engen Gassen drängeln, wirkt das Viertel zumindest während der Sommermonate teilweise eher wie ein Freilichtmuseum. Doch dann zeigt sich überall und immer wieder auch sein alltägliches, authentisches, vielleicht etwas nostalgisches Gesicht. So etwa in der Llibrería Cervantes-Canuda (Carrer de la Canuda Nr. 4), die einen Fundus von rund 200 000 alten Bänden bereithält – neben historischen Erstausgaben und kostbaren Folianten stehen kitschige Liebes- und Science-Fiction-Romane oder abgegriffene deutsche Reclam-Hefte.

Blättern Sie auch durch die vergilbten Reiseführer, um sich ein Bild vom Barcelona (und Spanien) vergangener Jahrzehnte zu machen!

Für Bibliophile ist die antiquarische Buchhandlung eine wahre Pilgerstätte. Sammlern in ganz Spanien dient ihr Katalog als Standardwerk, durch ihre Räume weht der unverkennbare Duft von Druckerschwärze, bei jedem Schritt ächzen die Holzdielen. Wer den packenden Weltbestseller »Der Schatten des Windes« von Carlos Ruiz Zafón gelesen hat, fühlt sich unvermittelt an dessen fiktiven Bücherfriedhof erinnert – und tatsächlich deutet der Roman an, dass sich dieser für seine Handlung ganz zentrale Ort direkt in der Nachbarschaft der Llibrería Cervantes-Canuda befindet.

Direkt hinter der Buchhandlung gehen Sie am prächtigen **Palacio Savassona** (Nr. 6) vorbei. Dieser Ende des 18. Jh. entstandene Stadtpalast ist Sitz des Ateneu Barcelonés, eines einflussreichen Kulturvereins, der seit seiner Gründung im Jahr 1860 die katalanischen Wurzeln der Stadt pflegt und fördert. Folgen Sie weiter dem schmalen Carrer de la Canuda bis zur deutlich großzügigeren **Avinguda del Portal de l'Àngel**. Wenden Sie sich in dieser belebten Einkaufsstraße mit vielen bekannten Modeketten nach rechts. Schon nach wenigen Schritten biegen Sie halblinks in den Carrer dels Arcs ein.

Links von Ihnen erhebt sich gleich das 1962 als eines der ersten – und noch vergleichsweise niedrigen – Hochhäuser Barcelonas erbaute Gebäude des **Col·legi d'Arquitectes** (Architektenkammer). Achten Sie auf die abstrakt-naiven Figuren an seiner Fassade: Mithilfe der traditionellen Sgraffito-Technik entstanden sie nach Entwürfen von **Pablo Picasso**! Gehen Sie geradeaus über die Plaça Nova und dann links in den Carrer de Santa Llúcia. Links von Ihnen steht nun die **Casa de l'Ardiaca** – dieses »Haus des Erzdiakons«, so die deutsche Übersetzung seines Namens, wurde bereits im 12. Jh. erbaut, später dann allerdings immer wieder ergänzt und erweitert. Eine echte Kuriosität ist sein marmorner Briefkasten, den der modernistische Architekt **Lluís Domènech i Montaner** um die vorletzte Jahrhundertwende entworfen hat: Mit der Darstellung von fünf Schwalben und einer Schildkröte spielte er ironisierend auf das Arbeitstempo der Justiz an – das Gebäude war damals der Sitz der Anwaltskammer.

Prachtbauten für die Krone von Aragon

Rechts hinter der Casa de l'Ardiaca erwartet Sie der Haupteingang der Kathedrale **Santa Creu i Santa Eulàlia**. Ab 1298 wurde das beeindruckende Gotteshaus im gotischen Stil errichtet – längst nicht nur in Barcelona dominierte diese kunsthistorische Epoche die Architektur des Hoch- und Spätmittelalters. Doch hier fiel sie mit einer großen, beispiellosen Blütezeit zusammen: Die Metropole war damals das Machtzentrum des mächtigen aragonesisch-katalanischen Königreichs. Ihr Einflussbereich erstreckte sich über die Inseln des westlichen Mittelmeers (darunter Mallorca, Menorca und Ibiza) und weite Teile des süditalienischen Festlands bis nach Griechenland, ihr Reichtum manifestierte sich in Form einer ganzen Reihe von Pracht- und Prestigebauten.

Dafür, dass Barcelona bis heute so dominant von der Gotik geprägt wird, gibt es noch zwei weitere Erklärungen. Erstens: Nach Ende des Mittelalters erlebte die Stadt einen mehrere Jahrhunderte währenden Niedergang. Neue Renommiergebäude wurden kaum mehr errichtet, die alten Bauwerke waren also kaum vom Abriss gefährdet. Eine zweite Erklärung wird aktuell sehr kontrovers diskutiert: Als die Metropole ab Mitte des 19. Jh. wieder erblühte, erinnerte man sich verstärkt an ihr goldenes Zeitalter – und hübschte, vor allem im frühen 20. Jh., ihr gotisches Gesicht merklich auf.

Eine 2011 vorgelegte Doktorarbeit dokumentiert jetzt den bisher stark unterschätzten – oder zumindest meist dezent verschwiegenen – Umfang dieser Entwicklung. Betrachten Sie die prächtig ornamentierte Fassade der Kathedrale! Sie könnten wohl stundenlang hier stehen und hätten noch immer nicht jedes Detail erfasst. Dass die Fassade in dieser Form erst zwischen 1887 und 1898 entstanden ist, war natürlich nie ein Geheimnis. Dass sich die Außenmauer der Kirche auf früheren Fotos fast erschreckend kahl, nüchtern und schmucklos gibt, dürfte viele (Besucher wie Barcelonesen) dann aber doch überraschen. Der 70 m hohe Hauptturm der Kathedrale wurde übrigens erst zwischen 1906 und 1913 errichtet.

Obwohl (oder vielleicht gerade weil) die Baumeister aus ganz verschiede-

Klein-Barcelona

Als aufstrebende Großmacht übernahm das aragonesisch-katalanische Königreich (»Krone Aragon«) 1323 auch die heute italienische Mittelmeerinsel Sardinien: In der von ihren Bewohnern manchmal »Klein-Barcelona« genannten sardischen Stadt Alghero spricht man noch heute einen katalanischen Dialekt.

Architekt Lluis Domènech i Montaner hat den mit Schwalben, Efeuranken und einer Schildkröte geschmückten Briefkasten an der Casa de l'Ardiaca (▶ S. 18) entworfen.

nen Jahrhunderten ihre Spuren hinterlassen haben, lohnt sich die Besichtigung des Gotteshauses. Bewundern Sie in der Mitte des Kirchenschiffs das aus dem Jahr 1399 stammende Chorgestühl. Berühmt sind die Verzierungen, mit denen seine Rücken 1518 nachträglich versehen worden waren: Es handelt sich um die Wappen der Ritter des Ordens vom Goldenen Vlies, die sich hier auf Einladung von Kaiser **Karl V.** versammelt hatten. Vor dem Hochaltar führt eine Treppe hinab in die Krypta. Dort ruht in einem Alabastersarkophag die hl. Eulàlia, sie ist die Namenspatronin der Kathedrale und (neben der hl. Mercè) die Schutzheilige der Stadt. Die Dachterrasse der Kathedrale erreichen Sie über rund 200 Stufen (oder auch einen Aufzug), oben bieten sich wunderbare Blicke über das gesamte Gebäude und weite Teile des Barri Gòtic.

An der (vom Eingang gesehen) rechten Seite des Kirchenschiffs stellt der zwischen 1380 und 1451 errichtete **Kreuzgang** mit seinen Palmen, Magnolien und Orangenbäumen einen heiteren Kontrast zum sonst so heiligen Ernst der Kirche dar. Er wird von zahlreichen Kapellen gesäumt, die wohl beliebteste ist der hl. Lucía gewidmet. In der Mitte des Bauwerks sehen Sie einen Brunnen mit der Statue des Drachentö-

> **Christenverfolgung**
>
> Im Jahr 303, also noch zu römischen Zeiten, soll die erst 13 Jahre alte Eulàlia als Christin verhaftet, gefoltert und getötet worden sein. 633 wurde das aus Barcelona stammende Mädchen heilig gesprochen, später zur Schutzheiligen seiner Heimatstadt erklärt.

Insgesamt 13 Gänse leben im Kreuzgang der Kathedrale Santa Creu i Santa Eulàlia (▶ S. 20). Die Anzahl steht für das Alter, in dem die hl. Eulàlia verhaftet wurde.

ters Sant Jordi (also des hl. Georg, er gilt als Schutzheiliger Kataloniens). Vielleicht begegnen Ihnen auch mehrere Gänse – 13 Federtiere sind die ständigen Bewohner des Kreuzgangs. Ihr weißes Gefieder symbolisiert die Jungfräulichkeit der hl. Eulàlia, ihre Anzahl steht für das Alter, in dem die Märtyrerin getötet worden sein soll.

Mittelalterliches Machtzentrum

Gehen Sie nach dem Verlassen der Kathedrale rechts am **Museu Diocesà** vorbei, wie viele andere Gebäude der Gegend wurde es auf den Resten römischer Bauwerke errichtet. Hinter ihm halten Sie sich wieder rechts, um so dem Carrer de la Tapineria zu folgen. Über die **Plaça de Ramon Berenguer El Gran** führt die Straße an einem imposanten Mauerwerk vorbei: Rechts von Ihnen er-

hebt sich die **Capella Reial de Santa Agata**. Diese der hl. Agathe gewidmete Königliche Kapelle gehört zum **Palau Reial Major** – einem Palastkomplex, den erst die Grafen von Barcelona und später die Könige des vereinigten aragonesisch-katalanischen Königreichs als Residenz nutzten. Folgen Sie weiter dem Carrer de la Tapineria, um dann rechts in die Baixade de la Llibreteria und wieder rechts in den Carrer del Veguer zu biegen. Er führt Sie auf die **Plaça del Rei**, den Innenhof des mittelalterlichen Machtzentrums.

Am Eingang des Platzes steht rechts zunächst die **Casa Padellàs** – ein weitgehend gotisch geprägter Stadtpalast, dessen Ornamentik aber teilweise schon der Renaissance zuzuordnen ist. Er wurde im 15. und 16. Jh. errichtet, allerdings an ganz anderer Stelle! Für den Bau der Hauptverkehrsstraße Via Laietana

Die Geschichte der Stadt, von den Anfängen als römische Siedlung bis heute, wird im Museu d'Història de Barcelona (▶ S. 22) an der Plaça del Rei erzählt.

mussten im frühen 20. Jh. rund 2200 Häuser weichen. Auch viele historisch bedeutsame Gebäude gingen verloren, nur einige wenige von ihnen – darunter die Casa Padellàs – baute man an neuen Standorten wieder auf. Hinter dem Bauwerk sehen Sie ebenfalls rechts des Platzes noch einmal die Königliche Kapelle der hl. Agatha. Am Kopf der Plaça del Rei steht schließlich der **Saló del Tinell**. Dieser Festsaal des Palau Reial Major entstand Mitte des 14. Jh., Ende des 15. Jh. empfing das spanische Königspaar hier den Entdecker **Christoph Kolumbus** nach dessen erster Amerikareise. Dank des am Platz ansässigen **Museu d'Història** de Barcelona 🌟 (Museum für die Geschichte Barcelonas, Eingang an der Casa Padellàs) können Sie nun eine Zeitreise in die römische Siedlung **Barcino** unternehmen. Ein Aufzug befördert Sie hinab in die Unterwelt. Beachten Sie sein Digitaldisplay, das statt Stockwerken die Jahre, Jahrzehnte und Jahrhunderte runterzählt! Seine Tür öffnet sich erst wieder im Jahr 12 v. Chr. – und damit in den Ruinen von Barcino, der antiken Keimzelle des heutigen Barcelona. Eine unterirdische Ausgrabungsstätte erstreckt sich hier über rund 4000 qm, allerdings kann nicht das komplette Areal eingesehen werden. Auf metallenen Stegen gehen Sie

> ## Antike Erhebung
> Die wohl eindrucksvollsten römischen Ruinen stehen in einem Hinterhof des Carrer del Paradís (Nr. 10), der links vom Carrer de la Pietat abzweigt. Eingezwängt zwischen Häuserwänden erheben sich vier korinthische Säulen, einst stützten sie den mächtigen Augustustempel der Stadt.

durch die uralte Stadt, verschiedene Gebäude stehen am Wegesrand, etwa Reste einer Wäscherei aus dem 2. Jh. n. Chr. sowie einer Winzerei und eines Fisch verarbeitenden Betriebs aus dem 3. Jh.

Unter Römern

Sie sehen auch die Grundmauern eines bischöflichen Palasts – im 6. Jh. war er allerdings nicht mehr von den Römern gebaut worden. Mehr als ein halbes Jahrtausend lang hatte Barcino zu Rom gehört, im 5. Jh. übernahmen dann die Westgoten die Herrschaft. Doch sie stellten nur eine kleine Oberschicht, respektierten die Kultur der breiten römisch geprägten Bevölkerung, übernahmen sogar ihre Sprache, das Vulgärlatein. Erst im 8. Jh., mit der Vertreibung der Westgoten durch die Mauren, endete die Geschichte des antiken Barcino. Aus dessen Ruinen gelangen Sie nun wieder hinauf an die Oberfläche, dort erzählt Ihnen die Dauerausstellung des Museums vom mittelalterlichen Barcelona. Wechselausstellungen widmen sich zusätzlich neuzeitlichen und zeitgenössischen Themen, auch die Innenräume des zum Historischen Museum gehörenden **Saló del Tinell** und der **Capella Reial de Santa Agata** können Sie noch besichtigen!

Zurück auf der Plaça del Rei gehen Sie (mit dem Rücken zur Königlichen Kapelle) geradeaus in den schmalen Carrer de Santa Elionor. Nach ein paar Schritten wird die Straße zum Carrer de la Pietat. Rechts neben Ihnen erhebt sich eine runde, steile, von hohen gotischen Fenstern beherrschte Mauer – es handelt sich um die Rückseite der Kathedrale.

Folgen Sie erst der Rechtskurve und dann dem Linksknick des Carrer de la Pietat, um schließlich links in den kleinen Carrer del Bisbe zu biegen. Er wird von der pittoresken, an ihr venezianisches Vorbild erinnernden **Pont dels Sospirs** (»Seufzerbrücke«) überspannt.

Das zauberhafte Bauwerk ist von spitzen Bögen in scheinbar spätgotischem Stil geprägt, unter ihm steht fast immer jemand, der gerade für ein Erinnerungsfoto posiert. Was nur wenige dieser Fotomodelle ahnen: Wie die Hauptfassade der Kathedrale wurde auch die Seufzerbrücke keineswegs im Mittelalter gebaut – sondern erst während der 1920er-Jahre. **Joan Rubió i Bellver**, der verantwortliche Architekt, restaurierte damals die gesamte **Casa dels Canonges**, das links des Carrer del Bisbe stehende Gebäude. Allerdings kam es ihm dabei nicht so sehr darauf an, dieses Haus, das einst die Domherren der Kathedrale bewohnt hatten, wieder in seinen mittelalterlichen Originalzustand zu versetzen. Stattdessen fügte er überall und nach eigenem Belieben Details hinzu, die zwar nach Gotik aussehen, von Kritikern aber mittlerweile als reine Fälschungen bezeichnet werden.

Die Gotisierung der Stadt

Rubió selbst soll einmal, vielleicht etwas überspitzt, gesagt haben, dass es tatsächlich »im Barri Gòtic nicht mehr als sechs Häuser gibt, die man guten Gewissens als gotisch bezeichnen kann«. **Agustín Cócola**, jener Mann, der mit seiner 2011 vorgelegten Doktorarbeit die aktuelle Debatte um die Authentizität des Viertels erst angestoßen hat, behauptet sogar, man habe die ganze Gegend im frü-

Eine Verbindung zwischen dem Palau de la Generalitat und der Casa dels Canonges bildet die reizende neogotische »Seufzerbrücke«, der Pont dels Sospirs (▸ S. 23).

hen 20. Jh. regelrecht »gotisiert«. Bewusst habe man das Bild einer Stadt, die es so nie gab, erfinden und erschaffen wollen. Wozu? Einerseits, um den Glanz des verherrlichten goldenen Zeitalters der Metropole aufzupolieren. Andererseits, um Barcelona künftig touristisch besser vermarkten zu können! **Josep Puig i Cadafalch**, der zu den einflussreichsten katalanischen Jugendstil-Architekten gehörte, hatte die Gotisierung einst sogar ganz offen und unmissverständlich propagiert: »Die Straßen Montcada und Mercaders warten nur darauf, in die Straßen von Nürnberg, Brügge oder Florenz verwandelt zu werden!«, formulierte er damals.

Gehen Sie unter der Seufzerbrücke hindurch, um am Ende des Carrer del Bisbe auf die **Plaça de Sant Jaume** zu gelangen. Schon vor zwei Jahrtausenden diente der Platz als Ort der Macht: An seiner Stelle befand sich einst das Forum, also das politische und religiöse Zentrum des römischen Barcino. Heute werden von hier aus sowohl Barcelona als auch ganz Katalonien regiert. Vor sich sehen Sie die klassizistische Fassade der **Casa de la Ciutat** (Rathaus). Ein Teil des Gebäudes, der **Saló de Cent** (Saal der Hundert), entstand schon im 14. Jh., An- und Umbauten wurden bis Mitte des 19. Jh. vorgenommen. Dem Rathaus gegenüber steht der **Palau de la Generalitat de Catalunya** (vergleichsweise frei übersetzt: Katalanischer Regierungspalast) – er wurde vor allem im 14. Jh. erbaut und dann im 16. Jh. um seine heutige Renaissancefassade ergänzt.

Die jüdische Gemeinde

Sie wenden sich nach rechts, überqueren die Plaça de Sant Jaume und gehen an ihrem Ende weiter gerade-

Die Fassade des Palau de la Generalitat de Catalunya (▶ S. 24) wurde im Stil der Renaissance errichtet. Der Palast ist Sitz der katalanischen Regierung.

aus in den Carrer del Call. Die Straße führt Sie in ein Gebiet, das früher als **El Call** bekannt war: Es umfasst nur wenige Straßen, eigentlich eher Gassen – hier lebte einst die jüdische Gemeinde von Barcelona. Ihre Mitglieder hatten im Mittelalter entscheidend zu Wachstum und Wohlstand der Metropole beigetragen. Manche unterhielten exzellente Handelsbeziehungen bis nach Nordafrika, andere wurden als kenntnisreiche Ärzte geschätzt. Mehrere Synagogen dienten den bis zu 4000 Juden der Stadt (bis zu 15 Prozent der gesamten Bevölkerung Barcelonas!) als religiöse Zentren. Doch spätestens Mitte des 13. Jh. wendete sich die Stimmung zunehmend gegen sie. El Call wurde zum Ghetto erklärt, die Repressionen nahmen zu. Im Jahr 1391 fegte dann eine Welle grausamer antijüdischer Ausschreitungen über weite Teile Spani-

ens, am 5. August des Jahres kam es auch in Barcelona zum Pogrom – der wütende Mob tötete rund 300 Juden. Die Überlebenden mussten entweder fliehen oder zum Christentum übertreten.

Bald geriet die jüdische Gemeinde der Stadt in Vergessenheit, ihre Spuren verwischten. Erst im späten 20. Jh. begab man sich wieder auf Spurensuche – und wurde fündig. So gelang es Ende der 1980er-Jahre, den Standort der ehemaligen **Synagoga Major** (Hauptsynagoge) zu identifizieren. Biegen Sie rechts in den Carrer de Sant Domènec del Call und dann links in den **Carrer de Marlet**. Dort dient das mittelalterliche Gebäude (Nr. 5) inzwischen wieder als jüdisches Gotteshaus. Während die Wiederherstellung der Synagoge noch hauptsächlich auf die Initiative weniger Privatpersonen und der Organisation Associació Call de Barce-

Auf der Plaça de Sant Josep Oriol (▶ S. 26), im Schatten der Kirche Santa Maria del Pi, werden jeden Sonntag auf einem kleinen Künstlermarkt Gemälde angeboten.

lona zurückging, sichert nun auch die Stadt selbst ihr jüdisches Erbe. Folgen Sie rechts dem Carrer de l'Arc de Sant Ramon del Call, um so, erneut rechts, die **Placeta de Manuel Ribé** zu erreichen. Ein Infozentrum des **Museu d'Història de Barcelona** zeigt hier archäologische Funde aus dem 13. und 14. Jh. Hinter der Placeta de Manuel Ribé erreichen Sie, sich nach rechts wendend, wieder den Carrer de Sant Domènec del Call. Auf ihm gehen Sie zurück zum Carrer del Call, halten sich erneut rechts und folgen der Straße bis zum Carrer dels Banys Nous. Gehen Sie noch einmal nach rechts, links zweigt schließlich der Carrer de l'Ave Maria ab. Über ihn

Masel tov!

2002 wurde die restaurierte Hauptsynagoge von Barcelona wiedereröffnet, 2003 heiratete hier ein Paar aus Kanada – zum ersten Mal seit mehr als 600 Jahren war das Gebäude damit Schauplatz einer jüdischen Hochzeitszeremonie.

gelangen Sie zur **Plaça de Sant Josep Oriol** – und zur Kirche **Santa Maria del Pi**. Sie wurde zwischen 1319 und 1391 erbaut, also in einer für damalige Verhältnisse beachtlichen Geschwindigkeit. Um die Hauptfassade zu studieren, gehen Sie nun rechts über die Plaça de Sant Josep Oriol und gelangen so zur **Plaça del Pi**.

Das Glas der großen Fensterrose über der gotisch geschwungenen Pforte wurde erst ab 1939 eingesetzt, allerdings als authentische Nachbildung des 1936 zerstörten Originals: Zu Beginn des Spanischen Bürgerkriegs war es zu kirchenfeindlichen Ausschreitungen gekommen. Viele Kirchen wurden stark beschädigt, kostbare Kulturschätze gingen verloren. Auch der Altar von Santa Maria del Pi verbrannte damals, sein alabasterner Ersatz wurde 1967 aufgestellt.

Im Gegensatz zur Einrichtung ist der Kirchenbau selbst nach seiner Fertigstellung kaum mehr ergänzt oder verändert worden. Seine Hauptfassade bietet daher eines von wenigen unverfälschten Beispielen für die typisch katalanische Ausprägung des gotischen Stils. Ornamente finden sich nur am Portal und in Form der Rosette, ansonsten bleibt die Außenmauer blank – die Ähnlichkeit mit der ebenfalls während des 14. Jh. im heutigen Szenebezirk El Born (▸ Spaziergang 8) im gotischen Stil errichteten Kirche Santa Maria del Mar ist unübersehbar.

Zum Ausklang dieses Spaziergangs können Sie noch das Flair der **Plaça del Pi** genießen. Gehen Sie schließlich (mit Blick auf die Hauptfassade von Santa Maria del Pi) nach rechts in den Carrer del Cardenal Casañas, der direkt auf die Rambles und zur Metrostation Liceu führt.

SEHENSWERTES

Casa de la Ciutat ▸ S. 150, B 21

Wie der gegenüberliegende katalanische Regierungspalast ist auch das Rathaus der Stadt reich an Sälen, Statuen und anderen Sehenswürdigkeiten aus einer ganzen Reihe von historischen Epochen.
Plaça del Sant Jaume • Metro: Jaume I, Liceu • Tel. 9 34 02 70 00 • www.bcn. es • So 10–13.30 Uhr • Eintritt frei

Catedral de la Santa Creu i Santa Eulàlia ▸ S. 150, B 21

Ursprünglich im Mittelalter entstanden, erhielt die gotische Kathedrale ihr heutiges Gesicht erst im späten 19. und frühen 20. Jh.
Pla de la Seu 3 • Metro: Jaume I • Tel. 9 33 42 82 60 • www.catedralbcn.org • Mo–Sa 13–17, So und Feiertage (außer 25. Dez.) 14–17 Uhr • 6 €

Centro de Interpretación del Call ▸ S. 150, B 21

Das Infozentrum bietet Anhaltspunkte für eine weitere Spurensuche im alten jüdischen Viertel der Stadt.
Placeta de Manuel Ribé • Metro: Liceu, Jaume I • Tel. 9 32 56 21 22 • www. museuhistoria.bcn.cat • Di–Fr 11–14, Sa, So 11–19, Feiertage 11–14 Uhr oder geschl. • 2 € (Ausstellung)

Museu d'Història de Barcelona ⭐ ▸ S. 150, C 21

Das Museum liefert viele weiterführende Informationen zu den Sehenswürdigkeiten dieses Spaziergangs.
Plaça del Rei • Metro: Jaume I • Tel. 9 32 56 21 00 • www.museuhistoria.bcn. cat • Di–Sa 10–14 und 16–19 (Okt.–März), Di–Sa 10–20 (April–Sept.), So ganzjährig 10–20 Uhr, 1. Jan., 1. Mai, 24. Juni und 25. Dez. geschl. • 7 €, erm. 5 €, unter 16 Jahren und So 15–20 Uhr frei (Tickets gelten auch für die anderen Standorte des Museums)

Wege am Wasser

Mit der U-Bahn bis zum Strand – das funktioniert nur in
den wenigsten europäischen Großstädten. So schnell wie
am Wasser hat sich Barcelona zuletzt vielleicht nirgendwo entwickelt. Auf der Strandpromenade treffen sich die
Menschen bis spät in die Nacht, das alte Armen-, Arbeiter-
und Fischerviertel La Barceloneta ist zum Szenestadtteil
geworden, und an der Ausfahrt des historischen Hafens
steht nun ein Hotelturm. Doch trotz aller Erneuerung:
Die Spuren alter Zeiten sind noch immer allgegenwärtig.

◄ Über die hölzerne Fußgängerbrücke Rambla del Mar gelangt man zur Moll d'Espanya.

START Metro Drassanes
ENDE Metro Ciutadella/
Vila Olímpica
DAUER 2 Stunden

Die Metrostation Drassanes ist nach den ehemaligen königlichen Werften Barcelonas benannt, zu ihnen führt auch der erste Abstecher dieses Spaziergangs. Direkt am Aufstieg aus der U-Bahn geht (mit Blick zum Meer) rechts der Flanier- und Vergnügungsmeile Rambles der **Carrer del Portal de Sta. Madrona** ab. Nach etwa 100 m auf dieser Straße biegen Sie links in die Avinguda de les Drassanes ein. Die **Drassanes Reials** (königliche Werften) beherbergen heute das **Museu Marítim** (Seefahrtsmuseum). Im Hof, der auch ohne Eintrittskarte zugänglich ist, wird ein Nachbau der **Ictíneo I** gezeigt – ein hölzernes U-Boot, das schon 1859 im Hafen von Barcelona zu Wasser gelassen wurde.

Katalanischer Pioniergeist

Sein Erfinder, der katalanische Ingenieur **Narcís Monturiol i Estariol** (1819–1885) gehörte zu den wichtigsten U-Boot-Pionieren des 19. Jh. Er konzipierte das eiförmige Gefährt ursprünglich für die Korallenernte – und stattete es deshalb mit mehreren Greif- und Spezialwerkzeugen aus. In der etwa 7 m langen, durch Muskelkraft betriebenen Ictíneo I (deren

Konkursmasse
1865, zwei Jahre nach der Jungfernfahrt seiner Inctíneo II, ging Narcís Monturiol das Geld aus. Ein Geschäftsmann kaufte das U-Boot aus der Konkursmasse des Erfinders – und ließ es dann verschrotten.

Name aus den griechischen Wörtern »icthus« für Fisch und »naus« für Boot abgeleitet wurde) fanden vier Mann Besatzung Platz. Bis zu 50 m tief tauchte die Konstruktion, bis zu zwei Stunden dauerten einzelne Testfahrten. Monturiol nutzte seine Erkenntnisse, um anschließend die 14 m lange **Ictíneo II** zu bauen – eines der ersten motorgetriebenen U-Boote, das 1865 zu seiner Jungfernfahrt startete.

Doch zurück zu den mittelalterlichen Drassanes Reials und dem Museu Marítim: Auf den ersten Blick erscheint das größtenteils nur ein Stockwerk hohe Gebäude vielleicht nicht besonders spektakulär – vor allem im Vergleich mit den vielen anderen historischen Bauwerken der Stadt. Doch tatsächlich waren die teilweise mehr als 700 Jahre alten Hallen ein Machtzentrum, mit dessen Hilfe Barcelona einst weite Teile des Mittelmeers (u. a. Mallorca, Menorca und Ibiza sowie Gebiete in Italien und Griechenland) kontrollierte: Hier wurden (nicht nur) Kriegsschiffe gebaut, u. a. die 60 m lange Real, das Flaggschiff der Schlacht von Lepanto – einem gigantischen Seegefecht, bei dem sich 1571 spanisch geführte Christen und osmanisch geführte Moslems mit insgesamt 450 Schiffen und 200 000 Mann gegenüberstanden.

Eine originalgetreue Rekonstruktion der gewaltigen Kommandogaleere lässt sich im **Museu Marítim** besichtigen, auch sonst ist das Haus sehr sehenswert. Es erzählt die Geschichte der Seefahrt – von den ersten einfachen Flößen bis zur Entwicklung der Dampfschiffe –, zeigt dabei mehrere originale Fischerboote, eine Sammlung alter Seekarten und Galionsfiguren sowie unzählige detailgetreue Modelle historisch bedeutender Schiffe. Der Schwerpunkt seiner Sammlung liegt eindeutig auf dem goldenen Zeitalter der Segelschiffe. Durch viele Ausstellungsstücke wird das Leben der Seeleute veranschaulicht, deren gesamte Habseligkeiten oft in eine kleine, sogenannte Seefahrerkiste passten. Die Werfthallen selbst wurden ab Ende des 13. Jh. gebaut und bis ins 18. Jh immer wieder erweitert. Zwischen 1714 und 1935 dienten sie dann als Artilleriekaserne, 1941 eröffnete das Museu Marítim. Bis 2014 wird es zurzeit saniert, leider ist es daher nur eingeschränkt zu besichtigen.

> **Richtungsstreit**
>
> Wohin deutet der Entdecker? Jedenfalls nicht nach Amerika! Angeblich zeigt die Kolumbus-Skulptur am Port Vell stattdessen nach Genua, also in Richtung der Heimatstadt des berühmten Seefahrers. Doch auch diese Version ist falsch – wahrscheinlich wollte man Kolumbus einfach hinaus aufs Meer weisen lassen.

El Dorado für Entdecker

Zurück auf der Avinguda de les Drassanes führt der Weg weiter wasserwärts – und somit zur **Plaça del Portal de la Pau**, wo das Kolumbusdenkmal in den Himmel ragt. Oben, auf einer Säule, steht eine 7 m große Skulptur von **Christoph Kolumbus**. Das insgesamt 60 m hohe Monument war zur Weltausstellung von 1888 errichtet worden, u. a. auch um auf die Rolle Barcelonas bei der Entdeckung Amerikas hinzuweisen: In der katalanischen Metropole (und angeblich sogar genau am heutigen Standort des Denkmals) hatte Kolumbus nach seiner Rückkehr aus der Neuen Welt wieder europäischen Boden betreten, hier war er daraufhin vom spanischen Königspaar empfangen worden.

Am Sockel des Denkmals werden Szenen aus dem Leben des berühmten Seefahrers dargestellt. Ein Aufzug fährt bis zur Aussichtsplattform am Fuß der Statue. Wer sich schnell beengt fühlt, sollte besser unten bleiben – die Säule hat einen Durchmesser von nur 2,25 m, entsprechend schmal ist der Lift in ihrem Inneren. Oben angekommen werden Sie allerdings mit einem beeindruckenden Panorama belohnt: Genießen Sie den weiten Blick über den historischen Hafen, der sich direkt hinter der Plaça del Portal de la Pau erstreckt. Rechts sehen Sie das 1999 eröffnete **World Trade Center** von Barcelona. Seine Form hat der US-Architekt **Henry N. Cobb** (geb. 1926) dem Vorbild eines gigantischen Schiffsbugs nachempfunden. Und immer wieder machen dem Gebäude auch echte Ozeanriesen Konkurrenz: In unmittelbarer Nachbarschaft befinden sich drei Kreuzfahrtterminals. Links hinter dem World Trade Center steht das 99 m hohe, vom katalanischen Architekten **Ricardo Bofill** (geb. 1936) entworfene **W-Hotel**; wegen seines segelförmigen Umrisses wird das im Jahr 2009 fertiggestellte Gebäude oft einfach Hotel Vela (Segelhotel) genannt. Aus den Zimmern und Suiten des Hotels genießt man einen spektakulären Blick auf das Mittelmeer.

Maritime Skyline

Vor dem World Trade Center sehen Sie den 119 m hohen Stahlfachwerkturm **Torre Jaume I**. Seinen kleineren Bruder, den 86 m hohen **Torre Sant Sebastià**, erkennen Sie weiter links im Blickfeld. Die beiden Türme gehören zur 1931 eröffneten Hafenseilbahn **Trasbordador aeri** – sie verbindet den Stadtstrand von **La Barceloneta** (neben dem der Torre Sant Sebastià steht) mit dem als Hausberg der Metropole geltenden, 173 m hohen **Montjuïc**. Links des Torre Sant Sebastià können Sie in einiger Entfernung noch die beiden

höchsten Häuser der Stadt entdecken: das luxuriöse **Hotel Arts** und den Büroturm **Torre Mapfre**. Die beiden, jeweils 154 m hohen Gebäude markieren nicht nur den **Port Olímpic** (Olympischer Hafen), sondern auch das Ziel dieses Spaziergangs.

Zurück am Sockel des Denkmals gehen Sie weiter geradeaus zum **Port Vell** (Alter Hafen), überqueren dabei zunächst die Straße Plaça de Colom und gelangen an einen Schiffsanleger. Von hier aus starten die **Golondrinas** (Schwalben) genannten Ausflugsboote zu ihren Rundfahrten durch den Hafen (35 Min.) oder entlang der Küste bis zum Port Olímpic (90 Min.). Am Anleger wenden Sie sich nach links, der Weg führt nun über die direkt am Hafenbecken verlaufende **Moll de Fusta** – und eine auf ihr angelegte, mit mehreren Palmenreihen bepflanzte Promenade. Lassen Sie Ihren Blick rechts über einen wahren Wald aus den Masten unzähliger Segeljachten schweifen. Direkt an der Moll de Fusta macht normalerweise nur ein einziges Schiff fest: die Santa Eulàlia, ein historischer Dreimast-Schoner. Als typisches Handelsschiff des frühen 20. Jh. wurde sie 1918 gebaut – und 1997 dann vom Museo Marítim gekauft. Nach einer aufwendigen Sanierung lässt sich das Schiff jetzt nicht nur besichtigen, es verlässt den Hafen sogar regelmäßig zu Ausfahrten. Links sehen Sie das dem Meer zugewandte Gesicht der Stadt mit einigen seiner historischen Prachtbauten.

> **Machtmittel**
>
> Mit Galeeren kontrollierte Barcelona einst weite Teile des Mittelmeers. An Bord der Schiffe herrschten schlimme Bedingungen, die Ruderer blieben monatelang an ihre Bänke gekettet. Noch vor dem ersten Sichtkontakt konnte man eine nahende Galeere angeblich riechen.

Pop-Art mit Mosaik

Über die zweite von zwei Rundbrücken gelangen Sie links auf eine weitere, ebenfalls parallel zum Hafenbecken geführte Promenade. An deren Ende steht die große, bunte Skulptur »Head« von **Roy Lichtenstein** (1923–1997). Das Kunstwerk entstand 1992, also pünktlich zu den Olympischen Spielen. So wie übrigens fast die gesamte Wegstrecke dieses Spaziergangs: Vor allem an ihrer vernachlässigten Wasserseite erfand sich die Stadt damals noch einmal ganz neu. Die Skulptur des US-Künstlers symbolisierte sehr treffend das zugrunde liegende Selbstverständnis der Metropole – man wollte und will sich stets gleichzeitig international und traditionell geben. So lässt sich »Head« zwar eindeutig als global gültige Pop-Art klassifizieren. Mit einzelnen Stilelementen, etwa den Keramik-Mosaiken, spielte Lichtenstein aber auch geschickt auf Barcelonas vielleicht berühmtesten Sohn, den Architekten **Antoni Gaudí** (1852–1926), an.

Gehen Sie wieder zurück zum Wasser und weiter entlang der Kaikante, die zweimal halbrechts abbiegt. Sie passieren den **Palau del Mar**, ein eindrucksvolles ehemaliges Speichergebäude, vor dem die Terrassen mehrerer Lokale zu Zwischenstopps einladen – empfehlenswerter ist allerdings das »1881 per Sagardi«, ein mediterranes Restaurant im vierten Stockwerk des Speichers, das dort ebenfalls über eine Terrasse verfügt.

Ins Innere des Palau del Mar ist 1996 das **Museu d'Història de Catalunya** (Museum für die Geschichte Kataloniens, Plaça de Pau Vila 3) gezogen. Viele Fragen, die sich einem beim Barcelona-Besuch fast schon aufdrängen (»Wie spanisch sind die Katalanen denn nun?«), werden hier beantwortet. Die ebenso kenntnisreich wie liebevoll gestaltete Ausstellung des Hauses setzt in römischer Zeit an, chronologisch schildert sie die Entwicklung des Landes. Jeder Epoche ist ein eigener Saal gewidmet. So wird erzählt, wie Katalonien im frühen Mittelalter als Staat entstand, im späten Mittelalter zur europäischen Seemacht heranwuchs, im 15. Jh. seine Souveränität verlor, fast ein halbes Jahrtausend lang hartnäckig nach neuer Unabhängigkeit strebte – und im 20. Jh. endlich wieder ein gewisses Maß an Autonomie erhielt.

Ein Museum zum Anfassen und Erleben

Neben politischen Entwicklungen führt das Museum stets die Lebenswirklichkeit der Menschen vergangener Zeitalter vor Augen. Modelle und Multimediainstallationen veranschaulichen die nüchternen Fakten, lebensgroße Figuren, beispielsweise von Rittern hoch zu Ross, machen die Geschichte auch für Kinder erlebbar. Oft überrascht das Museum mit originellen Ideen, die so nahe wie möglich ans Geschehen heranführen. Durch einen Türspion kann man – so scheint es – neugierige Blicke ins Innere eines modernistischen Bürgerhauses aus der Zeit des katalanischen Jugendstils werfen. Ein Bunker, der im Bürgerkrieg vor Bombenangriffen schützen sollte, darf genauso betreten werden wie der Führerstand einer historischen Trambahn.

Wer mit dem Aufzug zur Aussichtsplattform auf der Kolumbus-Säule (▶ S. 30) fährt, genießt ein atemberaubendes Panorama auf die Stadt, den Hafen und das Meer.

Auch den Stadtstrand mit der Goldfisch-Skulptur »Peix d'Or« (▶ S. 37) im Hintergrund verdankt die Stadt der Modernisierung für die Olympischen Spiele.

Wichtige historische Szenen werden mit lebensechten Skulpturen erlebbar gemacht. So zeigen sie zum Beispiel, wie die katalanische Fahne – vier rote Streifen auf goldenem Grund – entstanden sein soll: Der französische König **Louis le Pieux**, so sagt die Legende, fasste dem nach einer Schlacht schwer verletzten katalanischen **Grafen Guifré el Pelos** in seine blutenden Wunden. Dann fuhr der König mit vier blutverschmierten Fingern über dessen goldenen Schild – ein eher gruseliger Gründungsmythos.

Enge Gassen, winzige Wohnungen

Direkt hinter dem Palau del Mar wenden Sie sich nach links, um dann rechts in den **Passeig de Joan de Borbó** einzubiegen. Sie stehen am Rand von **La Barceloneta** 2, einem Stadtteil, dessen privilegierte Lage –

direkt am gleichnamigen Stadtstrand – lange Zeit eher gering geschätzt wurde: Hier wohnten Arbeitslose, Fabrikarbeiter, Fischer, also die unteren Schichten der Stadtbevölkerung. Das Viertel war zu Beginn des 18. Jh. als eine Art Auffanglager entstanden. Im benachbarten Viertel **La Ribera** hatte König **Felipe** ab 1714 komplette Straßenzüge abreißen lassen. An ihrer Stelle baute er eine mächtige Zitadelle, zu jener Zeit die größte Festung ganz Europas.

Eilig erschloss man La Barceloneta, zunächst nur notdürftig mit provisorischen Baracken. Erst um 1750, also mehr als dreieinhalb Jahrzehnte später, wurden echte Häuser errichtet: dunkel, winzig, aber immerhin aus Stein. Einen Eindruck vom beengten Leben in Barceloneta können Sie noch heute gewinnen. Vom Passeig de Joan de Borbó biegen Sie gleich links wieder ab, auf den **Car-**

rer de la Maquinista gelangen Sie nun ins Herz des Viertels. Man muss kaum befürchten, sich in der Vielzahl seiner schmalen und schmalsten Gassen zu verirren – alle Straßen werden streng geometrisch geführt. Sie gelangen zum Aushängeschild des Stadtteils, dem 2007 neu eröffneten **Mercat de La Barceloneta** (Plaça de la Font 1). Zwar ist seine Halle längst nicht so groß wie die des berühmten, an den Rambles gelegenen Markts **La Boquería** ⚠ , ein sehr sehens- und essenswertes Angebot hält er trotzdem bereit. Biegen Sie direkt vor der Halle rechts in den Carrer del Baluart ein, dann rechts in den Carrer d'Escuder, wieder rechts in den Carrer del Mar und schließlich links in eine winzige Gasse, die zurück auf den **Passeig de Joan de Borbó** führt. Jetzt halten Sie sich links und folgen der von Bistros gesäumten Straße bis zur Strandpromenade. Rechts erkennen Sie, nun aus nächster Nähe, den stählernen **Torre Sant Sebastià** wieder – von hier führt die Hafenseilbahn bis auf den Montjuïc. Links hinter dem Stahlfachwerkturm entdecken Sie einen weiteren alten Bekannten, das **Hotel Vela**, wieder.

Meer trifft Metropole

Und dann erstreckt sich das Mittelmeer in seiner scheinbaren Endlosigkeit vor Ihnen. Halten Sie kurz inne, genießen Sie die Weite, die Luft und das Licht! Wenden Sie sich dann nach links, um der Strandpromenade, dem **Passeig Marítim de la Barceloneta**, zu folgen. Auch dieser autofreie Weg am Meer wurde für die Olympischen Spiele von 1992 angelegt. Bis weit in die zweite Hälfte des 20. Jh. hatte man die Bewohner von Barceloneta weitgehend sich selbst überlassen. Die Gegend galt als verrufen, ihre Gebäude verrotteten. Auswärtige wurden gewarnt, das Viertel besser gar nicht erst zu betreten.

Erst Olympia brachte den dringend nötigen Modernisierungsschub. Was Jahrzehnte lang versäumt worden war, wurde auf einmal innerhalb kürzester Zeit nachgeholt. Allerdings ging es dabei wohl weniger um bessere Lebensverhältnisse für die angestammte Bevölkerung – als mehr um die Beseitigung eines Schandflecks, der das schöne, neue Bild Barcelonas nicht stören sollte. Immerhin wollte man die Weltöffentlichkeit der Spiele für eine gigantische Marketingkampagne nutzen, selbst Erhaltenswertes musste da dem erwachten städtebaulichen Eifer weichen. Für die neue, moderne Promenade wurden beispielsweise auch die alten, traditionellen Fischimbisse am Strand abgerissen. Ob es das wert war? Immerhin befindet sich Barcelona mit dem Passeig Marítim de la Barceloneta inzwischen in der illustren Gesellschaft von Großstädten wie Rio de Janeiro, Los Angeles oder Miami: Meer und Metropole treffen aufeinander, auf viele Menschen entfaltet die Strandpromenade eine fast ma-

> **Literarisch**
> kommt Barceloneta ein ganz besonderer Stellenwert zu: Hier, nahe des heutigen Palau del Mar, erlitt Don Quijote, der fiktive »Ritter von der traurigen Gestalt« aus dem gleichnamigen Roman von Miguel de Cervantes (1547–1616), eine Niederlage, die ihn schließlich zur Heimkehr bewegte.

gische Wirkung. Tagsüber sind lässige Fußgänger, Fahrradfahrer und Inlineskater unterwegs, abends kommen die hippen Partypeople.

Schicker Stadtstrand

Auch Sie flanieren nun über den Passeig Marítim de la Barceloneta. Oder alternativ über den – vor allem im Sommer dicht bevölkerten – Strand. Zugegeben, außerhalb von Barcelona hat Katalonien schönere Strände zu bieten, etwa in den westlich der Metropole gelegenen, per Bahn schnell und bequem erreichbaren Kleinstädten Castelldefels oder Sitges. Doch angesichts seiner großstädtischen Lage ist dieser lange, wunderbar weiße Sandstreifen vor Barceloneta bemerkenswert sauber. Nach wenig mehr als 100 m fällt Ihnen rechts der Promenade vielleicht ein kleiner, schiefer Turm auf: Die deutsche Künstlerin **Rebecca Horn** (geb. 1944) gestaltete ihn als Hommage an la Barceloneta (»Homenatge a la Barceloneta«). Etwa auf gleicher Höhe wie die Skulptur, aber links der Promenade befindet sich das mittlerweile in fünfter Generation familiengeführte Fischrestaurant Cal Pinxo Platja (Carrer del Baluart 124). Vom neuen, internationalen Chic der Metropole ist in diesem Lokal noch nicht viel zu spüren, das Ambiente gibt sich wohltuend altmodisch. Versuchen Sie doch mal die köstlichen, mit Stockfisch-Pürree gefüllten Artischocken. Anders als in vielen anderen Lokalen der Stadt kann man hier auch bedenkenlos eine Paella bestellen. Vor allem die Variante mit Meeresfrüchten schmeckt vorzüglich!

Deutlich mehr Style bietet – ein paar 100 m weiter – das direkt am Strand gelegene Sal Cafe mit seiner asiatisch-brasilianischen und mediterranen Küche (keine Hausnummer, nahe dem Carrer d'Andrea Dòria). Allmählich verändert sich das Flair der Strandpromenade: Anfangs noch durch den dörflichen Charakter des angrenzenden Viertels geprägt, wird der Passeig Marítim de la Barceloneta zunehmend großstädtischer. Parallel verläuft bald eine Straße gleichen Namens, und im Hintergrund zeichnen sich immer deutlicher die beiden Türme am Port Olímpic – der Torre Mapfre und das Hotel Arts – ab. Die nun links des Weges liegenden Flächen wurden bis in die 1980er-Jahre noch als Hafen- und Industriegebiet genutzt, für die Olympischen Spiele von 1992 entstand schließlich ein ganz neuer Stadtteil, in dem dann auch die Athleten untergebracht wurden.

Ausgehviertel mit Meerblick

Mittlerweile hat sich die Gegend zu einem beliebten, allerdings nicht ganz günstigen Ausgehviertel entwickelt. Im Schatten der beiden Hochhäuser wird die Stadt ihrem Ruf als Partymetropole gerecht, lockt mit Bars, Discos, Restaurants und einem etwas edleren Einkaufskomplex. Als besonders angesagt gilt u. a. der oft einfach CDLC genannte Carpe Diem Lounge Club (Passeig Marítim de la Barceloneta 32). Er punktet schon durch seine spektakuläre Lage am Strand. Tagsüber mischt sich hier Meeresrauschen mit entspannter Lounge- und Chillout-Musik, auf riesigen Sofas und wahren Liegewiesen schlürfen die Gäste ihre leckeren Cocktails. Abends verwandelt sich der Laden in ein feines Restaurant, das hauptsächlich asiatisch-mediterrane Fusion-Cuisine serviert, nachts wird es schließlich zu einem coolen Club – dieses Konzept des Club-Restaurants ist in Barcelona übrigens viel weiter verbreitet als z.B. in deutschen Städten.

Hinter dem CDLC erblicken Sie schon den riesigen »Peix d'Or«. Dieser 35 m hohe und 54 m lange »Goldfisch« – so die wörtliche Übersetzung seines katalanischen Namens – besteht hauptsächlich aus Stein, Stahl sowie Glas. Ein echter Blickfang ist er vor allem wegen seiner verkupferten Oberfläche, die je nach Stand der Sonne immer wieder anders strahlt und

schimmert. Die Skulptur entstand nach Entwürfen des kanadischen Architekten **Frank Gehry** (geb. 1929). Wann? Sie ahnen es sicherlich schon: 1992, für die Olympischen Spiele. Olympia, immer wieder Olympia! Mittlerweile wissen Sie, wie entscheidend die Großveranstaltung das Gesicht der ganzen Stadt geprägt hat. Nicht nur am Wasser profitiert die Metropole bis heute von vielen Projekten, die Ende der 1980er- und Anfang der 1990er-Jahre umgesetzt worden waren. Fast scheint es, als sei Barcelona – zuvor eine schlafende, nach Jahrzehnten der Diktatur verwitterte Schönheit – durch Olympia

> **Geschmacksfrage**
> Lecker, aber leider eine Mogelpackung: Die angeblich so typisch spanische Meeresfrüchte-Paella (Paella de marisco) wird von traditionsbewussten Köchen nur Touristen-Paella (Paella de turistas) genannt. Meeresfrüchte hatten in dem valencianischen Reisgericht ursprünglich nichts zu suchen.

Eröffnungszeremonie der Olympischen Sommerspiele in Barcelona im Jahr 1992. Für die Spiele war das Olympiastadion (▶ S. 46) auf dem Montjuïc saniert worden.

Als erste Adresse für ein exklusives Dinner am Port Olímpic gilt das zum Hotel Arts (▶ S. 38) gehörende Restaurant Enoteca, das sich mit einem Michelin-Stern schmückt.

wieder wachgeküsst worden. Übrigens haben mittlerweile viele Stadtplaner und -väter in aller Welt versucht, ihren Metropolen mit Hilfe internationaler Sportfeste ebenfalls ganz entscheidende Wachstumsschübe zu verpassen. Oft wuchsen allerdings nur ihre Schuldenberge, der sogenannte Barcelona-Effekt blieb in aller Regel aus.

Biegen Sie nun am Ende des Passeig Marítim de la Barceloneta, also direkt vor dem Peix d'Or, links in den **Carrer de Ramon Trias Fargas** ein. Sie gelangen zum **Hotel Arts** (Carrer de la Marina 19–21), das ausnahmsweise und entgegen der allgemeinen Annahme nicht für Olympia entstanden ist. Zwar wurde sein spektakulärer Turm – die tragenden Elemente befinden sich in Form eines stählernen Exoskeletts teilweise vor der Glasfassade – bereits 1992 fertiggestellt. Die von Ritz Carlton betriebene Luxusherberge öffnete ihre Tore allerdings erst 1994, also im Jahr 2 nach den Spielen. Sie gehört noch heute zu den nobelsten Häusern der Stadt – und angeblich auch zu den Hotels mit der weltweit höchsten Promi-Dichte. Nach einem Bummel am Port Olímpic führt Sie der Carrer de Ramon Trias Fargas zur Avinguda d'Icària, auf der sich links der Abstieg zur Metro Ciutadella/Vila Olímpica befindet.

Hollywood am Mittelmeer

U. a. Cindy Crawford, Melanie Griffith, Mick Jagger, Nicole Kidman und Penelope Cruz sind bereits im luxuriösen Hotel Arts abgestiegen. Woody Allen wohnte hier sogar drei Monate lang, während der Dreharbeiten für seinen Film »Vicky Cristina Barcelona«.

SEHENSWERTES
Museu d'Història de Catalunya ▶ S. 150, C 22
Unterhaltsamer Schnellkurs in katalanischer Geschichte.
Pl. de Pau Vila 3 • Metro: Barceloneta • Tel. 9 32 25 47 00 • www.mhcat.cat •
Di, Do–Sa 10–19, Mi 10–20, So, feiertags 10–14.30 Uhr (1., 6. Jan., 25.,
26. Dez. geschl.) • 4 €, erm. 3 €

Museu Marítim ▶ S. 150, A 22
Das absolut sehenswerte Schifffahrtsmuseum ist in historischen Werfthallen untergebracht.
Av. de les Drassanes • Metro: Drassanes • Tel. 9 33 42 99 20 • www.mmb.cat •
tgl. 10–20 Uhr (1., 6. Jan., 25., 26. Dez. geschl.) • 2,50 €, erm. 2 € (nur
Wechselausstellungen, Dauerausstellung bis 2014 wegen Sanierung geschl.)

ESSEN UND TRINKEN
Enoteca ▶ S. 151, E 23
Mediterran inspiriertes Restaurant mit einem Michelin-Stern, im luxuriösen Hotel Arts.
C. de la Marina 19–21 • Metro: Ciutadella/Vila Olímpica • Tel. 9 34 83
81 08 • www.hotelartsbarcelona.com • Mo, Di 13–15.30, Mo–Sa 19.30–
23 Uhr (13.–28. Aug. geschl.) • €€€€

1881 per Sagardi ▶ S. 150, C 22
Mediterranes Café und Restaurant im vierten Stock des Museu d'Història
de Catalunya, mit Dachterrasse.
Pl. de Pau Vila 3 • Metro: Barceloneta • Tel. 9 02 52 05 22 • www.sagardi.
com • tgl. 10–24, Fr, Sa–1 Uhr • €€

Cal Pinxo Platja ▶ S. 150, C 23
Traditionelles Fischrestaurant in Barceloneta, mit Blick auf Promenade
und Meer.
C. de Baluart 124 • Metro: Barceloneta • Tel. 9 32 21 50 28 • www.pinxo
platja.com • tgl. 12.30–16, 20.30–23.30 Uhr • €€

Carpe Diem Lounge Club ▶ S. 151, D 23
Schickes Strandcafé, Restaurant und Nachtclub am Port Olímpic.
Pg. Marítim de la Barceloneta 32 • Metro: Ciutadella/Vila Olímpica • Tel.
9 32 24 04 70 • www.cdlcbarcelona.com • tgl. 12–3 Uhr, die Küche schließt
um 1 Uhr • €€

Sal Cafe ▶ S. 151, D 23
Stylisches Café-Restaurant am Strand von Barceloneta.
Pg. Marítim de la Barceloneta • Metro: Barceloneta • Tel. 9 32 24 07 07 •
www.salcafe.com • tgl. 13–16, 21–24 Uhr (Küchenzeiten) • €€

Auf dem Montjuïc

Als Barcelonas Hausberg (oder besser: Haushügel) gehört der 173 m hohe Montjuïc zu den wichtigsten Ausflugszielen für Bewohner und Besucher der Stadt. Er bietet wunderbare Wanderwege, idyllische Picknickplätze, herrliche Ausblicke über die Metropole und das Meer – und dazu eine ganze Reihe eigener Sehenswürdigkeiten. Zwischen einer historischen Zwingburg, dem Olympiastadion von 1992 und dem Expo-Gelände von 1929 kristallisiert sich hier das wechselhafte Schicksal einer Metropole heraus.

◄ Ein spektakulärer Blick auf Barcelona bietet sich bei einer Fahrt mit der Seilbahn Telefèric de Montjuïc (▶ S. 41).

START Metro Paral·lel
ENDE Metro Espanya
DAUER 3-4 Stunden

Einst lag er vor den Toren der Stadt, heute wird er längst von ihr umschlossen. Zumindest auf dreieinhalb Seiten: Im Südosten grenzt der Montjuïc direkt ans Mittelmeer. Und so beginnt dieser Spaziergang durch Barcelonas beliebtestes Naherholungsgebiet noch mitten im Herzen der Metropole. Von der Metrostation Paral·lel fährt eine Standseilbahn (**Funicular**) den Hang hinauf, mit ihr werden die ersten 76 Höhenmeter überwunden. Diese Seilbahn gehört zum Metronetz der Stadt, Sie müssen also, wenn Sie bereits im Besitz des richtigen Tickets sind, keine zusätzliche Fahrkarte mehr lösen. Nach einer nur zwei Minuten dauernden, größtenteils durch Tunnel führenden Fahrt sind Sie dem Großstadtgewimmel entronnen.

Blick von Außen und von Oben

Und irgendwie doch noch mitten drin in der Metropole und ihrer wechselhaften Geschichte. Auf dem **Montjuïc** 🔴 (dessen Name, da streiten sich die Historiker bis heute, entweder mit »Judenberg« oder »Jupiterberg« zu übersetzen ist) befinden sich einige Schicksalsorte, die Barcelona ganz entscheidend geprägt haben. So lohnt es, die Stadt hier gewissermaßen von außen und von oben zu betrachten – und dabei vielleicht ganz neue Einblicke in die Eigenheiten ihrer Seele zu gewinnen.

Erste Erkenntnis: Mittags und im Sommer wird es richtig heiß! Eine Tatsache, die Sie bei der Planung des Spaziergangs unbedingt berücksichtigen sollten. Trotz seiner vergleichsweise bescheidenen Größe von nur 173 m hält der Montjuïc einige steilere Steigungen bereit, und Kaltgetränke wird man auf weiten Streckenabschnitten vergebens suchen. Schattige Plätze für ein mitgebrachtes Picknick oder Barbecue finden sich aber immer wieder.

Wer weniger gut zu Fuß ist, kann an der Bergstation des **Funicular** (Parc de Montjuïc) gleich umsteigen – und den Spaziergang dadurch abkürzen: Eine weitere Seilbahn (**Telefèric**) bringt Sie von hier aus bis fast zum Gipfel des Montjuïc, im Ticketpreis ist so manche beeindruckende Aussicht inbegriffen.

Das weiße Haus am Montjuïc

Wer auf diese Abkürzung verzichtet, wird aber ebenfalls mit herrlichen Panoramen belohnt: Nach dem Verlassen der Bergstation gehen Sie links die **Avinguda de Miramar** hinab. Rechts sehen Sie bald ein großes, helles, an Sonnentagen sogar grell schimmerndes Bauwerk – den Sitz der **Fundació Joan Miró** (Stiftung Joan Miró). Der 1983 verstorbene Künstler (geb. 1893) gehört zu den berühmtesten Söhnen seiner Stadt. Seine Werke sind an vielen Orten in Barcelona zu sehen, so z.B. im Parc Joan Miró, der Casa de la Ciutat und auf der Pla de l'Òs. Die wichtigsten Stücke werden aber auf dem Montjuïc gehütet, in diesem nach Miró benannten Museum. **Josep Lluís Sert**, ein mit dem Künstler befreundeter Architekt, plante das 1975 eröffnete Gebäude. Viele der rund 11 000 Stücke, die hier gesammelt sind, hat **Joan Miró** höchstpersönlich an die Stiftung übergeben. Darunter sind längst nicht nur jene bizarr-bunten Skulpturen, Figuren und Formen, die der Künstler vor allem im reiferen Alter schuf. Das Museum gewährt neue, überraschende Einblicke, es zeigt die ganze große Vielfalt von Mirós Werk. Insbesondere zwischen den beiden Weltkriegen experimentierte der junge Künstler mit dem sich damals entwickelnden abstrakten Stilen. Er lebte in Paris, bewegte sich dort in der Avantgardeszene, war u.a. mit einflussreichen Kollegen wie Max Ernst und Wassily Kandinsky befreundet. Seinem im Museum ausgestellten Frühwerk, mehrheitlich Zeichnungen und Gemälde, sind diese vielfältigen Einflüsse deutlich anzumerken. Miró weigerte sich aber stets, einen bestimmten Stil als verbindlich anzuerkennen – und damit seine künstlerische Freiheit einzuschränken. Möglicherweise nannte ihn der französische Surrealismus-Theoretiker **André Breton** (1896–1966) gerade deshalb den »vielleicht surrealistischsten von uns allen«.

Doch auch Bretons Bewegung versagte Miró – wie schon dem Dadaismus und dem Kubismus – die Ehre seiner Mitgliedschaft.

Mirós Entwicklung im Lauf der Jahrzehnte lässt sich beim Gang durch das Museum gut nachvollziehen. Im Joan-Prats-Raum sind u.a. Mirós ältestes bekanntes Werk, »Die

> **Klare Worte**
>
> »Die Surrealisten haben, wie man weiß, den Tod der Malerei verordnet. Ich will den Mord. (...) Die Malerei befindet sich seit dem Höhlenzeitalter im Niedergang.« Joan Miró, in einem Interview aus dem Jahr 1930.

Pediküre« von 1901, das kubistisch geprägte Werk »Komposition« (1917) und das surrealistisch beeinflusste Werk »Weinflasche« (1924) zu sehen. Die Werke »Sonne Vogel« und »Mond Vogel« (beide 1946–1949) werden im Skulpturenraum ausgestellt. Danach zeigt der den 1960ern und 1970ern gewidmete Raum, wie Mirós Formen immer minimalistischer und fokussierter werden, bis sie, z. B. im Werk »Katalanischer Bauer im Mondlicht« (1968), zu jenem Stil finden, für den der Künstler heute weltweit bekannt ist. Weitere Stücke stehen auch auf der Dachterrasse, von der sich ein erster wunderschöner Blick über die Stadt bietet.

Die grüne Lunge der Stadt

Aus dem Museum kommend gehen Sie weiter die Avinguda de Miramar entlang. Von ihr biegen Sie bei nächster Gelegenheit links in den Carrer dels Vivers ein, dann scharf links in den **Carrer dels Tres Pins**. Sie folgen ihm für mehrere hundert Meter, nehmen dann links den Carrer del Doctor Font i Quer, halten sich vor der Unterführung rechts und gelangen schließlich links in den **Carrer dels Tarrongers**. Diese Straße schlängelt sich zwischen zwei Parks hindurch: Links liegen die **Jardins de Mossèn Cinto Verdaguer**, rechts die **Jardins Joan Brossa**, in die der Spaziergang hineinführt.

Viele verschiedene Gärten und Parks schmücken den Montjuïc. Jede

Grünanlage hat ihren ganz besonderen Charakter, in dieser hier wachsen u.a. Pinien, Palmen, Olivenbäume und Zypressen, außerdem gibt es mehrere Bronzeskulpturen sowie Spielgeräte für Kinder. Innerhalb des Parks folgen Sie der ersten Abzweigung nach rechts und steigen dort die Stufen hinauf. Sobald sich die Treppe gabelt, gehen Sie nach links – und gelangen so auf eine natürliche Terrasse, die den Blick über ein weiteres atemberaubendes Panorama über ganz Barcelona freigibt.

Verbotener Volkstanz

Die Tour führt nun weiter den Hang hinauf, und zwar über mehrere sanft ansteigende Rampen, die direkt an der Terrasse liegen. Sie gelangen auf einen kleinen Platz und überqueren ihn nach links. Dann stehen Sie auf der **Plaça de la Sardana**, in deren Mitte eine Skulptur den namensgebenden Volkstanz zeigt. Live lässt sich der traditionelle Reigentanz Sardana übrigens u.a. sonntags um 18.30 Uhr auf dem Vorplatz der Kathedrale bewundern.

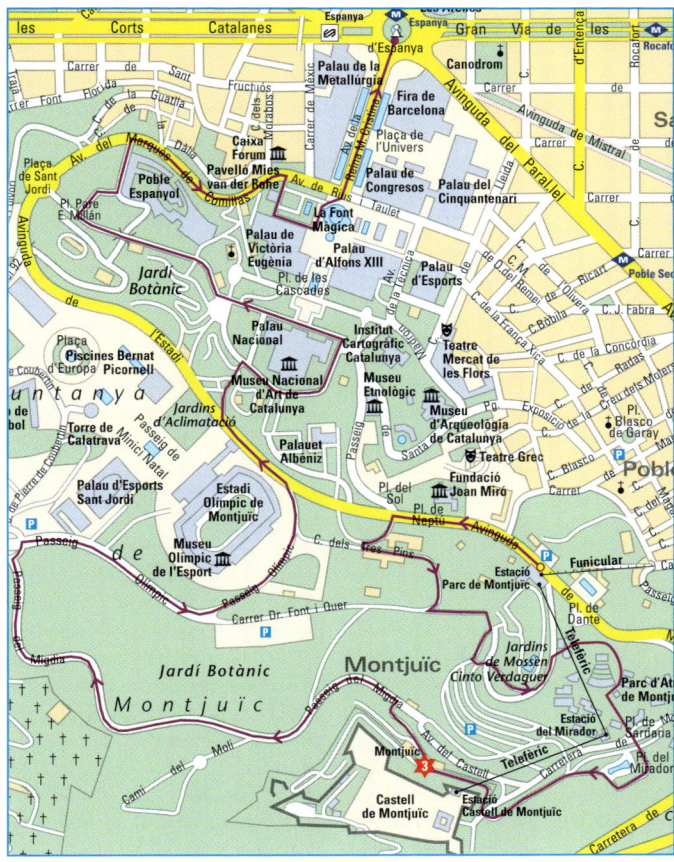

Bei der Sardana, einem katalanischen Volkstanz, halten sich die Beteiligten an den Händen, während sie im Kreis tanzen: Skulptur auf der Plaça de la Sardana (▶ S. 43).

Direkt hinter der Skulptur liegt der **Mirador de l'Alcalde**, ein Aussichtspunkt, von dem der gesamte Alte Hafen (Port Vell), das ehemalige Armen-, Arbeiter- und Fischerviertel **La Barceloneta** 2 sowie der durch zwei Hochhaustürme markierte Olympiahafen (Port Olímpic) überblickt werden können. Bergaufwärts folgen Sie jetzt den Fußwegen, die hier gleich links neben der Ctra. de Montjuïc verlaufen, kommen an einem künstlichen Wasserfall vorbei, steigen wieder ein paar Treppen hinauf – und erreichen endlich den höchsten Punkt des Bergs, auf dem das **Castell de Montjuïc** thront. Stufen führen zum Platz vor der historischen Fes-

> ### Tanzverbot
> Was den Kubanern ihr Salsa, ist den Katalanen ihre Sardana: Der eher ernste, getragene Reigentanz gilt ihnen als Symbol nationaler Identität. Vom Franco-Regime, das seine Macht auf einen starken spanischen Zentralstaat stützte, wurde die Sardana deshalb sogar verboten.

tung. Die Sicht auf die offene See reicht hier so weit, dass man meint, tatsächlich die Krümmung des Erdballs erkennen zu können.

Vor dem Castell de Montjuïc stehen zwei mächtige Kanonen. Die Geschosse sind zum Meer hin gerichtet – und vermitteln so einen zumindest teilweise falschen Eindruck: Diese bis 1779 sternförmig angelegte Festung (die eine ältere, kleinere, schon 1640 eher provisorisch gebaute Anlage ersetzte) verteidigte die Metropole nicht nur gegen Feinde von außen. Die meisten Barcelonesen sahen in ihr vor allem ein Symbol der Fremdherrschaft durch die spanisch-kastilische Zentralregierung.

Das Bombardement von Barcelona

Mehr als einmal wurde die Stadt vom Montjuïc aus bombardiert, allein im Jahr 1842 mit mehr als 1000 Kanonenkugeln, die 20 bis 30 Menschen töteten und fast 500 Gebäude zerstörten. Das Bombardement von 1842 blieb nicht die letzte Gräueltat gegen die Stadtbevölkerung, 1909 wurden rund 3000 streikende Arbeiter im Castell inhaftiert. Während des 20. Jh. funktionierte das Franco-Regime die Festung dann zum Gefängnis für seine Gegner um. Mehrere Oppositionelle ließ es hier hinrichten, z. B. hochrangige Politiker wie den ehemaligen katalanischen Regierungspräsidenten **Lluís Companys i Jover**. Trotz dieser düsteren Geschichte – oder vielleicht gerade im Gedenken an sie – lohnt sich ein Besuch der weitläufigen Befestigung, die mittlerweile u. a. für Kulturveranstaltungen genutzt wird. Nach Verlassen des Castells gehen Sie kurz die Ctra. de Montjuïc hinab, biegen aber bei der ersten sich bietenden Gelegenheit gleich hinter der Festung nach links in den **Passeig del Migdia** ein. Dieser nur selten befahrenen Straße folgen Sie rund einen halben Kilometer. Rechts ist weiter unten am Berg schon das Stadion der Olympischen Spiele von 1992 zu sehen. Dahinter reckt sich der 136 m hohe Fernsehturm **Torre Calatrava** in den Himmel.

Die Stadt der Toten

Später werden Sie seine bizarren Formen aus der Nähe bewundern können, vorher führt die Tour allerdings noch zur Südflanke des Hügels. Folgen Sie daher der ersten nach links abzweigenden Straße, die sich bald in eine Art Waldweg verwandelt. Am Ende dieses Wegs liegt der **Mirador de Migdia**, ein weiterer Ort mit fantastischen Ausblicken über das Mittelmeer, den eindrucksvollen Industriehafen und den ehrwürdigen Cemeteri del Sud-oest (Südwest-Friedhof).

Direkt am Mirador de Migdia führt (mit dem Rücken zum Meer links) ein Fußweg in die Vegetation hinein – und den Berg hinab. Bei der ersten T-Kreuzung entscheiden Sie sich für den linken Weg, bei der zweiten ebenso. Sie sind nun wieder auf dem **Passeig de Migdia** angekommen, gehen ihn am Friedhof entlang weiter bergabwärts. Bald führt linker Hand ein Weg in den – auch als »Stadt der Toten« bekannten – **Cementiri del Sud-oest** hinein.

Der riesige Friedhof strahlt eine ganz eigene, stille Würde aus: Kaum jemand verirrt sich in diese entlegene Ecke der Stadt. Besucher, die durch das riesige Tor schreiten, sind hier in der Regel alleine (mal abgesehen von den Friedhofswärtern, die das bestehende Fotografieverbot sehr streng überwachen). Wie die meisten spanischen Friedhöfe unterscheidet sich auch dieser deutlich von seinen parkähnlichen mittel- und nordeuropäischen Pendants: Die Verstorbenen werden nicht begraben, sie finden ihre letzte Ruhe in mächtigen Mauern (die, daher die Bezeichnung als Totenstadt, nahezu an Gebäude erinnern).

Jeweils sechs Einschübe sind übereinander angeordnet, jeder bietet Platz für einen Sarg. Daneben liegt die nächste Reihe, und die nächste, und die nächste … In den längsten Mauern auf dem Cementiri del Sud-oest sind so mehrere 100, wenn nicht gar

1000 Tote untergebracht. Verschlossen wird die Grabstätte mit einer Marmorplatte, die einem Grabstein gleicht. Vor ihr bietet eine Art Schaufenster die Möglichkeit, der Verstorbenen zu gedenken: Viele Hinterbliebene haben Fotos aufgestellt, oft hat die Sonne diese Bilder längst ausgeblichen. Andere Angehörige entscheiden sich für natürliche oder künstliche Blumen, für Heiligenbildchen, Puppen oder sonstige, manchmal auch ziemlich kitschige Souvenirs – in einem der Schaufenster steht sogar ein Wimpel des FC Barcelona. Grünflächen fehlen auf dem Cementiri del Sud-oest, nur Bäume stehen zwischen den Mauern. Die Straßen sind gepflastert, an den Kreuzungen stehen Verkehrsschilder, und an Feiertagen verbindet sogar eine eigene Buslinie die verschiedenen Bereiche der Totenstadt.

> ### Letzte Ruhe
> Der Friedhof auf dem Montjuïc wurde 1883 angelegt – und wuchs dann fast genauso schnell wie die Metropole zu seinen Füßen. Hier ruhen auch viele bekannte Künstler, Politiker und weitere Prominente, u. a. der Dichter Jacint Verdaguer, der Maler Joan Miró und Hans Gamper, der Gründer des FC Barcelona.

Ruhestätte einer wachsenden Stadt

Sonst herrscht Stille. Ein paar Vögel singen, allerdings sehr verhalten; nur wenn der Wind durch die Mauern pfeift, raschelt er laut mit dem Zellophanpapier, das noch immer um viele Blumensträuße gewickelt ist. Erst vom höchsten Punkt des Friedhofs erschließt sich seine Größe – rund 150 000 Ruhestätten befinden sich auf dem Gelände. Und erst hier erhält man einen Eindruck von seiner wahrhaft erhabenen Lage: Im Süden erstreckt sich das Mittelmeer,

im Norden liegt den Verstorbenen die ganze Stadt zu Füßen.
Sie verlassen den Friedhof durch das Tor am **Passeig del Migdia** und wenden sich nach links, um dieser Straße weiter zu folgen. Am nächsten Kreisel gehen Sie rechts in den **Passeig Olímpic**, der mit einer weiten Linkskurve das Gelände der Olympischen Spiele von 1992 umrundet. Zunächst sehen Sie linker Hand das dunkle, runde Dach des **Palau Sant Jordi**. Bei den Spielen war diese Multifunktionsarena der Schauplatz verschiedener olympischer Wettbewerbe (u. a. Handball, Volleyball und Turnen). Auch heute versammeln sich hier bis zu 20 000 Menschen, um ihre Helden aus Sport oder Musik zu bejubeln. Hinter dem Dach des Palau erkennen Sie den 136 m hohen **Torre Calatrava** wieder. Offiziell heißt er ebenso einfach wie langweilig nur **Torre de comunicaciones de Montjuïc**: Montjuïc-Telekommunikationsturm. Im Volksmund wird das berühmte Bauwerk aber meistens nach seinem geistigen Vater, dem spanischen Stararchitekten **Santiago Calatrava**, benannt. Übrigens wollte Calatrava mit der seltsamen Form seines Turms an einen olympischen Fackelläufer erinnern – wie auch der Palau Sant Jordi ist der Torre Calatrava eigens für die Spiele gebaut worden.

Sportler zu Soldaten

Anders das **Olympiastadion**, dessen klassizistische Fassade Sie, ebenfalls links, nach nur wenigen weiteren Schritten entdecken können. Errichtet wurde dieses Stadion schon für die Weltausstellung von 1929, im Jahr 1936 wollte die Regierung der spanischen Republik hier eine sogenannte »Volksolympiade« feiern – eine Gegenveranstaltung zu den Olympischen Spielen der Nationalsozialisten in Berlin. In vielen Ländern wurde die Idee begeistert aufgenommen, 6000 Athleten bestätigten ihre Teilnahme. Viele waren sogar schon in der Stadt angekommen, als am 17. Juli der Spanische Bürgerkrieg ausbrach.

Die meisten Sportler reisten sofort wieder ab, rund 200 von ihnen blieben trotz des Krieges. Allerdings nicht, um wie ursprünglich geplant Medaillen zu erkämpfen – sondern um die republikanischen Milizen in ihrem langen, letztlich erfolglosen Kampf gegen den Militärputsch zu unterstützen. Erst 1992, also 56 Jahre später, wurde die Arena doch noch zum olympischen Austragungsort: Endlich konnte ein demokratischer spanischer Staat die Welt willkommen heißen. 2001 wurde die zuvor einfach als Olympiastadion bekannte Arena schließlich umbenannt. Sie heißt nun **Estadi Olímpic Lluís Companys** – und trägt damit den Namen jenes ehemaligen, auf dem Montjuïc hingerichteten Regierungspräsidenten.

Monumentaler Palastbau

Folgen Sie weiter der Linkskurve des **Passeig Olímpic**. Wenn sich diese Straße schließlich gabelt, nehmen Sie wieder die linke Abzweigung. So gelangen Sie auf die **Avinguda de l'Estadi**, passieren auch die Nordseite der Arena. Rechts sehen Sie bereits die Türme des mächtigen **Palau Nacional** (Nationalpalast). Um ihn zu

Der Cementiri del Sud-oest (▶ S. 45) auf dem Montjuïc wurde 1883 eröffnet. Er ist von Mauern durchzogen, in denen die Verstorbenen in Grabnischen beigesetzt sind.

Der Palau Nacional (▶ S. 47) wurde zur Weltausstellung 1929 errichtet. Heute enthält er mit dem MNAC (▶ S. 48) sehenswerte Sammlungen zur katalanischen Kunst.

erreichen, nehmen Sie rechts den nächsten Fußweg. So gelangen Sie an die Rückseite dieses Prachtbaus, der als Wahrzeichen der Weltausstellung von 1929 entstanden ist. Heute beherbergt er das **Museu Nacional d'Art de Catalunya** (Nationales Katalanisches Kunstmuseum), kurz **MNAC**. Neben vielen Stücken aus Katalonien, die das Herz der riesigen Sammlung bilden, sind auch Werke bedeutender Künstler aus Spanien und anderen europäischen Ländern zu sehen, beispielsweise von El Greco, Goya, Rubens, Velázquez und Zurburán. Die romanische Abteilung gehört zu den weltweit bedeutendsten ihrer Art, sie verfügt über einige großfor-

matige Wandmalereien. Stark vertreten sind außerdem die Kunststile der Moderne (etwa Modernisme, Noucentisme, Avantgarde) – im späten 19. und frühen 20. Jh. hatten Katalonien und seine Kultur eine neue Blüte erlebt. Biegen Sie nun rechts in die **Avinguda del Montanyans** ein. Mit zwei scharfen Linkskurven führt diese Straße um das Museumsgebäude herum und zum **Mirador del Palau Nacional**, dem Vorplatz des Nationalpalasts. Sie stehen am Endpunkt einer monumentalen städtebaulichen Achse, die – wie alle verbleibenden Sehenswürdigkeiten dieses Spaziergangs – ebenfalls für die Weltausstellung von 1929 angelegt wurde.

Barcelona-Effekt

Mit den Olympischen Spielen von 1992 ging der Stadt nicht nur ein lange gehegter Traum in Erfüllung. Das Sportfest löste hier auch einen beispiellosen Boom aus, der das Gesicht der Metropole bis heute ganz nachhaltig geprägt hat.

Spiel mit Wasser, Licht, Musik

Über mehrere Treppen, Plätze sowie Straßen verläuft sie schnurgerade bis zur **Plaça d'Espanya**, auf ihr liegt u.a. der **Font Màgica** (Magischer Brunnen): Tagsüber außer Betrieb und daher eher unauffällig, liefert er abends ein beeindruckendes Wasser-, Licht- und Musikspiel, das seinem Namen wahre Ehre macht. Über einen kleinen Umweg werden Sie später direkt zum Magischen Brunnen gelangen. Jetzt wenden Sie sich aber (mit dem Nationalpalast im Rücken) nach links und gehen weiter auf dem Mirador del Palau Nacional, der wieder in die Avinguda dels Montanyans mündet. Diese Straße wird schließlich zur **Plaça del Pare Eusebi Millan**, von der Sie rechts in den **Carrer de la Foixarda** einbiegen.

Dörfliches Spanien

Rechts sehen Sie schon die (von außen wenig spektakulären) Mauern des **Poble Espanyol** – vor denen mit einiger Wahrscheinlichkeit mehrere Reisebusse parken. Dieses »Spanische Dorf«, so die deutsche Übersetzung seines Namens, vereint mitten in Barcelona die Vielfalt der verschiedenen spanischen Regionen. Seine Architekten hatten einst das ganze Land bereist, dabei sammelten sie Beispiele der regional oft sehr unterschiedlichen Baukulturen. Mit diesem Wissen schufen sie schließlich ein einzigartiges Ensemble von Gebäuden, die sich sonst nirgendwo in unmittelbarer Nachbarschaft zueinander finden: ein andalusischer Barockpalast aus Sevilla, das alte Rathaus aus Guadalajara in Kastilien/La Mancha, das ehemalige Hotel Morella aus Valencia. Nur weil sich das Poble Espanyol zum Publikumsmagneten der Expo 1929 entwickelte, wurden die originalgetreuen Rekonstruktionen – anders als ursprünglich geplant – nicht nach wenigen Monaten schon wieder abgerissen. Wer heute durch die Straßen bummelt, vergisst schnell, dass er sich eigentlich in einer Art Freilichtmuseum befindet. Das Spanische Dorf sprüht vor Leben, am Wochenende sogar bis weit nach Mitternacht. In die alten Gebäude sind Kunsthandwerker gezogen, ebenso Geschäfte für Mode- und Markenartikel, Restaurants und Discos, Firmen und Schulen.

Architektur für eine neue Zeit

Am Ende des Carrer de la Foixarda biegen Sie rechts in die **Avinguda del Marqués de Comillas**. Folgen Sie dieser Straße für wenige 100 m. Biegen Sie in den zweiten Weg auf der rechten Seite ein, um zum **Deutschen Pavillon** der Weltausstellung zu gelangen. Kaum größer als ein Einfamilienhaus, stellte dieses berühmte Bauwerk des deutsch-amerikanischen Baumeisters Ludwig Mies van der Rohe (1886–1969) – beziehungsweise sein Original, Sie sehen hier eine Rekonstruktion aus den 1980er Jahren – einen ganz entscheidenden Meilenstein der Architekturgeschichte dar: Es hatte keine andere Funktion, als die Ideen der Moderne in Stahl, Glas und Marmor zu manifestieren. Durch seine klaren, einfachen Formen, die verwendeten Baustoffe und den Verzicht auf jede Verzierung erscheint es noch heute, also nach mehr als acht Jahrzehnten, seltsam zeitgemäß. Wie revolutionär

Innenraum des Deutschen Pavillons (▶ S. 49) für die Weltausstellung in Barcelona 1929. Der »Barcelona-Sessel« von Mies van der Rohe wird noch heute produziert.

es damals gewirkt haben muss, wird schon beim vergleichenden Blick zum zeitgleich entstandenen, vor Prunk und Protz strotzenden Nationalpalast klar. Für seinen Ausstellungspavillon entwarf Architekt Ludwig Mies van der Rohe auch das Mobiliar, u. a. gehörte dazu ein als »Barcelona-Sessel« berühmt gewordener Freischwinger-Stuhl.

Mit dem Pavillon im Rücken sehen Sie nun direkt den Font Màgica. Gehen Sie in Richtung des Brunnens, der abends seine spektakuläre Wirkung zeigt, und dann links auf die breite **Avinguda de la Reina Maria Cristina**. Rechts sehen Sie die Hallen der **Messe Bar-**

Metropolen-Marketing
Schon 1888 hatte Barcelona mit einer ersten Weltausstellung auf sich aufmerksam gemacht, 1929 legte man mit einer weiteren Expo nach – und bebaute dafür weite Teile des städtischen Hausbergs. Zuvor war der Montjuïc fast ausschließlich militärisch und landwirtschaftlich genutzt worden.

celona, wo u. a. jedes Jahr im Frühling der Mobile World Congress, das weltweit wichtigste Branchentreffen der Mobilfunkindustrie, stattfindet. Folgen Sie der Straße noch bis zu den **Torres Venecianes**. Diese 47 m hohen, dem Markusturm in Venedig nachempfundenen Türme markierten einst den Eingang zum Expo-Gelände. Hinter den Türmen liegt der hektische Verkehrsknotenpunkt **Plaza d'Espanya** – und mit ihm das andere Ende jener städtebaulichen Achse, die Sie in ihrer ganzen Länge schon vom Nationalpalast aus gesehen haben. Spätestens jetzt sind Sie zurück im Gewimmel der Großstadt.

SEHENSWERTES
Cementiri del Sud-oest ▸ S. 148, A/B 18/19
Eine ganze Stadt, nur für die Verstorbenen der Metropole.
Pg. de Migdia/Av. Mare de Déu del Port • Tel. 9 34 84 17 00 • tgl. 8–18 Uhr

Fundació Joan Miró ▸ S. 149, D 17
Rund 11 000 Werke des berühmten katalanischen Avantgardisten sind in dieser Sammlung zu sehen. Tolle Terrasse!
Parc de Montjuïc • Metro: Parc de Montjuïc • Tel. 9 34 43 94 70 • www. fundaciomiro-bcn.org • Okt.–Juni Di–Sa 10–19, Juli–Sept. Di–Sa 10–20, Do 10–21.30, So, feiertags 10–14.30 Uhr • Eintritt 10 €, erm. 7 €

Museu Nacional d'Art de Catalunya (MNAC) ▸ S. 148, C 17
Das Museum präsentiert eindrucksvolle Stücke aus der 1000-jährigen katalanischen Kunstgeschichte.
Parc de Montjuïc • Metro: Espanya • Tel. 9 36 22 03 76 • www.mnac.cat • Di–Sa 10–19, So, Feiertag 10–14.30 Uhr • Eintritt 10 €, erm. 7 € (Tickets sind für jeweils zwei Tage gültig), erster So im Monat frei

Pavelló Mies van der Rohe ▸ S. 144, C 12
Eine echte Ikone der Moderne ist der deutsche Barcelona-Pavillon.
Av. Francesc Ferrer i Guàrdia • Metro: Espanya • Tel. 9 34 23 40 16 • www. miesbcn.com • tgl. 10–20 Uhr (an vereinzelten Tagen geschl., s. Website) • Eintritt 4,75 €, erm. 2,60 €

Poble Espanyol ▸ S. 144, C 12
Ganz Spanien in nur einem Dorf.
Av. del Marquès de Comillas 13 • Metro: Espanya • Tel. 9 35 08 63 00 • www. poble-espanyol.com • Mo 9–20, Di–Do, Sa 9-24, Fr 9–3, Sa 9–4 Uhr (Kunsthandwerker und andere Geschäfte schließen je nach Jahreszeit zwischen 18 und 20 Uhr) • Eintritt 11 €, verschiedene Ermäßigungen

ESSEN UND TRINKEN
El Tablao de Carmen ▸ S. 144, C 12
Showrestaurant mit Flamenco-Vorführung.
Poble Espanyol, Calle Cuna • Metro: Espanya • Tel. 9 33 25 68 95 • www. tablaodecarmen.com • tgl. außer Mo, Dinner in zwei Schichten ab 18.45 oder 21.15 Uhr, jeweils zwei Shows pro Dinner • €€–€€€

L'Albí ▸ S. 144, C 12
In diesem Restaurant an der Plaza Mayor des Poble Espanyol wird katalanische Küche serviert.
Poble Espanyol, Casa del Cabildo • Metro: Espanya • Tel. 9 34 24 93 24 • www.restaurantalbi.com • tgl. außer Fr 10–17 und 20–24 Uhr • €€

Der ewige Markttag

Er liegt direkt an den Rambles und wird – zu Recht –
in fast jedem Reiseführer gelistet: Der ebenso prächtige
wie riesige Mercat de Sant Josep, besser bekannt als La
Boquería, gehört zu den berühmtesten Sehenswürdigkeiten
der Stadt. Doch er ist längst nicht alleine, insgesamt rund
40 Markthallen versorgen die Metropole. Dabei hat jede
Halle ihre ganz eigene Geschichte, ihren ganz eigenen
Charme. Die traditionellen Märkte sind Barcelonas liebens-
werter Gegenentwurf zur Shopping Mall.

◀ Aus der ganzen Welt kommen die Früchte, die im Mercat de Sant Josep de la Boquería (▶ S. 57) erhältlich sind.

START Metro Universitat
ENDE Metro Urquinaona
DAUER 1,5 Stunden

Aus der Metrostation Universitat gelangen Sie direkt auf die **Plaça de la Universitat**. Hinter mehreren Baumreihen sehen Sie gleich das mächtige Hauptgebäude der im Jahr 1450 gegründeten **Universitat de Barcelona**. Heute gilt sie als die beste Hochschule ganz Spaniens. Geforscht und gelehrt wird allerdings längst nicht mehr nur im Herzen der Metropole, sondern auch an vielen anderen über das gesamte Stadtgebiet verstreuten Campussen und Instituten. Mit der Universität im Rücken wenden Sie sich rechts in die **Ronda de Sant Antoni**. Mehr als ein halbes Jahrtausend lang stand an Stelle dieser vierspurigen Straße die mittelalterliche Stadtmauer, noch heute verläuft hier die Grenze zwischen Ciutat Vella (Altstadt, auf der linken Seite) und Eixample (Neustadt, genau genommen: Erweiterung, auf der rechten Seite). Gleichzeitig stellt die Ronda de Sant Antoni auch eine wichtige Verbindung zwischen dem Stadtzentrum und den Hafengebieten dar, an Wochentagen wird sie von 16 000 Autos befahren.
Ja, man hat ganz genau gezählt! Und dann hat man einen Abschnitt der

> **Fundgrube**
>
> Trödel, Ramsch und Antiquitäten – Barcelonas berühmter Flohmarkt, der Mercat dels Encants, öffnet montags, mittwochs, freitags und samstags nahe der Sagrada Família im Stadtteil El Clot. An den Wochentagen werden ab 7 Uhr morgens Antiquitäten versteigert. Zu erreichen mit der Metro, Ausstieg Encants oder Glòries.

Straße vollständig gesperrt: Folgen Sie ihr noch für ein paar Minuten. Gleich nachdem rechts der **Carrer de Floridablanca** abzweigt, steht eine große, weiße, zeltartige Markthalle mitten auf der Fahrbahn. Gehen Sie hinein, während der Öffnungszeiten am Montag, Mittwoch, Freitag und Samstag tagsüber bieten Ihnen mehr als 100 verschiedene Händler alle Arten von Kleidung und Haushaltswaren. Vielleicht entdecken Sie zwischen Schmuck, Schuhen, Socken, Unterhosen, Hosen und Hemden ja ein günstiges Schnäppchen. Aber zugegeben, eine Fundgrube für kleine, feine Lieblingsstücke ist der **Mercat Encants de Sant Antoni** ganz bestimmt nicht. Schon eher eine Alternative fürs Shopping bei C&A oder H&M. Ein Ort, an dem sich die Menschen mit den Dingen des alltäglichen Bedarfs eindecken. Und damit dann doch wieder ganz typisch für die Märkte der Stadt. Aber was hat die 140 m lange Halle nun mitten auf der Fahrbahn einer wichtigen Verkehrsader zu suchen?

Delikatessenzelt

Nur noch einen Moment, Sie werden es gleich sehen! Durchqueren Sie das Gebäude, um es schließlich an seinem hinteren Ausgang zu verlassen. Sie stehen an der Kreuzung der Ronda de Sant Antoni mit dem **Carrer de Villarroel** – und dahinter gleich wieder vor der nächsten Markthalle. Betreten Sie auch dieses Gebäude, den **Mercat d'Alimentació de Sant Antoni**. Drinnen riecht es nach Kaffee und Fisch und einer Mischung vieler anderer Aromen, die sich gar nicht mehr voneinander trennen lassen. Gleich am Eingang lädt die Bar i Cafetería Casa Blanca zu einer Kaffeepause, dazu werden süße Backwaren und frisch zubereitete Snacks serviert. Auf Ihrem weiteren Weg durch die Gänge entdecken Sie Stände mit Fisch (vor allem in der Mitte des Gebäudes), Fleisch, Obst und Gemüse. Fast alles glänzt vor Frische, viele Produkte werden aber auch getrocknet (alle Arten von Früchten, außerdem Fisch) oder bereits fertig zubereitet (Suppen, Schinkenkroketten, gefüllte Tintenfische) verkauft.

Eine ähnliche Vielfalt qualitativ hochwertiger Lebensmittel finden Sie sonst fast nirgendwo in der Stadt, der Mercat d'Alimentació de Sant Antoni gehört zu den besten von ganz Barcelona. Nur sein Gebäude, ein nüchterner Zweckbau und damit fast ein Zwilling der ersten Halle, mag die Freude am Einkauf etwas mindern: Er verströmt den spröden Charme des Provisoriums. Verlassen Sie ihn, um so auf die Kreuzung von Ronda de Sant Antoni und **Carrer del Comte d'Urgell** zu gelangen.

Palast des guten Geschmacks

Rechts hinter der Kreuzung sehen Sie dort – endlich! – den eigentlichen **Mercat de Sant Antoni**: Das riesige Gebäude besteht aus zwei kreuzförmig angeordneten Hallen, über ihrem Schnittpunkt erhebt sich ein etwas plumpes, achteckiges Türmchen, kühn geschwungene Tor- und Fensterbögen prägen die rötlichen Fassaden. Zwischen 1879 und 1882 wurde dieser größte Marktkomplex der Stadt für die Bewohner des damals neu entstehenden Stadtteils **Eixample** gebaut. Er erstreckt sich über einen kompletten Häuserblock, drinnen wirkt er so weitläufig wie ein altmodischer Bahnhof. Zurzeit wird das Bauwerk allerdings grundlegend modernisiert, als provisorische Verkaufsstätten dienen deshalb die beiden Zelthallen. Vielleicht erahnen Sie mittlerweile, welche besondere Bedeutung diese Stadt den Märkten beimisst: Ihrem Betrieb räumt man offenbar eine höhere Priorität ein als den 16 000 Autos, die mittlerweile schon seit 2009 an jedem Werktag umgeleitet werden müssen!

Doch wo sollten sich die Leute denn auch sonst versorgen? Sicher, es gibt da noch die Supermärkte und Discounter, und deren Preise mögen sogar unter denen der Märkte liegen. Aber ausgerechnet am Essen zu sparen – das würden viele Barcelonesen erst in Betracht ziehen, wenn es gar nicht mehr anders ginge. Also pilgern sie täglich in eine der rund 40 Markthallen ihrer Stadt. Fast in jedem Viertel steht ein solcher Palast des guten Geschmacks, die Wege sind also kurz, die Öffnungszeiten (oft täglich außer sonntags und von früh bis spät) dafür lang. Man kennt die Verkäufer, trifft die Nachbarn, tauscht bei Cava oder Kaffee den neuesten Klatsch aus.

Fit für die Zukunft

Um die alten Hallen fit für die Zukunft zu machen, wurden und werden sie jetzt modernisiert. So soll der Mercat de Sant Antoni zusätzliche Untergeschosse und Tiefgaragen erhalten, auch ein Supermarkt könnte einziehen. Was zunächst paradox klingt, ist eigentlich nur konsequent: Wer in der Markthalle wirklich alles erhält, was er benötigen könnte (also beispielsweise auch noch Bier, Saft, Toilettenpapier oder Zahnpasta), muss nirgendwo sonst mehr einkaufen – der Markt im Viertel als Gegenentwurf zur Shopping Mall draußen vor der Stadt.

Umrunden Sie nun den vom Architekten **Antoni Rovira i Trias** im Stil des Modernisme (▸ Spaziergang 5) entworfenen Komplex. Biegen Sie dafür zunächst rechts in den **Carrer del Comte d'Urgell**, er passiert das Gebäude auf seiner Nordostseite. Wenn Sie sonntags unterwegs sind,

> **Marktbaumeister**
>
> Ab Mitte des 19. Jh. begann die Stadt, ihre Straßenmärkte zu überdachen. Viele Hallen wurden deshalb im damals vorherrschenden Jugendstil gebaut. Allein der für die Epoche prägende Antoni Rovira entwarf neben dem Mercat de Sant Antoni noch die Mercats del Born, de la Barceloneta und de la Concepció.

lohnt es, an der Kreuzung mit dem Carrer de Tamarit noch etwas weiter geradeaus zu gehen. Dahinter wird die Straße von einem dritten provisorischen Zeltdach überspannt, unter ihm stellen die Händler des **Mercat Dominical de Sant Antoni** ihre Stände auf – dieser legendäre Sonntagsmarkt ist ein wahres El Dorado für Sammler, die hier von morgens bis zum frühen Nachmittag stöbern können. Abertausende von Büchern liegen auf den Tischen, zwischen zerlesenen Schundromanen verstecken sich antiquarische Schätze. Aus so manchen Seiten weht einem ein mild-beißender Geruch von Druckerschwärze entge-

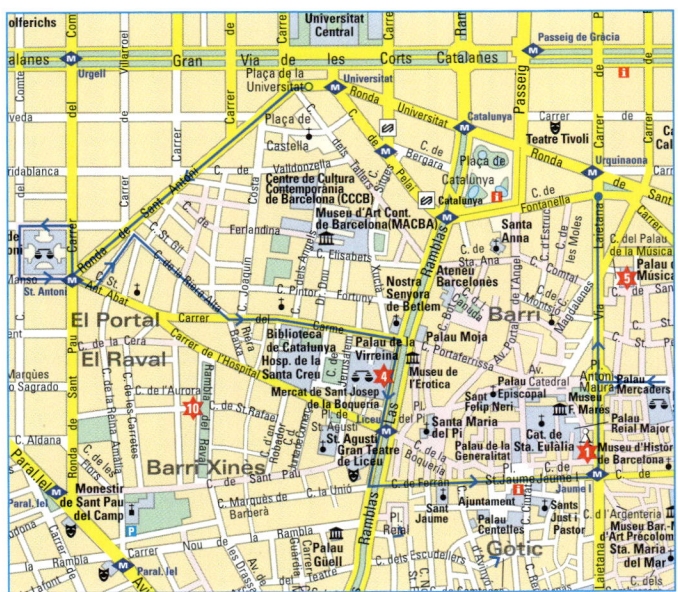

Der katalanische Architekt Antoni Rovira gab der Architektur des Modernisme mit der Eisen-Glas-Konstruktion des Mercat de Sant Antoni (▸ S. 55) wichtige Impulse.

gen, auch Comics, Poster und Fußballsammelkarten wechseln ihren Besitzer.

Markt statt Festung

Am Ende des Sonntagsmarkts kehren Sie wieder um. Sie gehen zurück zur historischen Markthalle und biegen rechts in den Carrer de Tamarit. An der nächsten Kreuzung folgen Sie links dem Carrer del Comte Borrell, dann gleich wieder links dem **Carrer de Manso**. Wie viel Sie unterwegs vom Mercat de Sant Antoni zu sehen bekommen, bestimmt vor allem der Stand der Bauarbeiten (und die Höhe der Bauzäune). Eigentlich sollte der Komplex schon 2012, spätestens 2013 wieder eröffnen – mit altem Charme, neuem Glanz und ganz neuem Komfort. Doch dann geschah, was manche befürchtet (und andere erhofft) hatten: Beim Ausheben der Baugrube wurden

wichtige archäologische Funde gemacht. Dort, wo heute der **Mercat de Sant Antoni** steht, war die mittelalterliche Mauer der Stadt einst mit einem mächtigen Bollwerk befestigt worden. Dessen Ruinen gilt es jetzt erstmal sorgfältig zu sichern. Möglicherweise wird man sie hier künftig sogar besichtigen können – allerdings nicht vor 2016, früher ist mit einer Wiedereröffnung des Markts nicht mehr zu rechnen.

Kehren Sie der Markthalle den Rücken zu, um nun geradeaus in den Carrer de Sant Antoni Abat und dann gleich links in den **Carrer del Príncep de Viana** zu gehen. Folgen Sie dieser kleinen Gasse bis an ihr Ende. Jetzt führt der Spaziergang durch das verwinkelte Altstadtviertel **El Raval** – und zum berühmtesten Markt der Stadt. Biegen Sie rechts in den Carrer de la Riera Alta, bald dann halblinks in den Carrer del

Carme und abermals nach ein paar Minuten rechts in die Flaniermeile **Rambles**. Nach wenigen Schritten erhebt sich rechts von Ihnen der Haupteingang zum **Mercat de Sant Josep de la Boquería** 4 – bewundern Sie die berühmte, aus Buntglas gefertigte Dekoration des modernistischen Torbogens!

Perfektes Arrangement

Im Vergleich zum Provisorium auf der Ronda de Sant Antoni atmet der oft einfach »**La Boquería**« genannte Markt ein ganz anderes, fast nostalgisches Flair. Achten Sie auch drinnen auf die gusseisernen Bogenkonstruktionen über Ihnen – das Jugendstil-Dach des Bauwerks wurde 1914 fertiggestellt. Die Anordnung seiner Stände folgt einer gewissen, allerdings längst nicht konsequent durchgehaltenen Logik: Vorne, in unmittelbarer Nähe zu den touristischen Rambles, gibt es Obst, Gemüse, Gewürze, Nüsse und traditionelle spanische Süßigkeiten (etwa Bonbons oder Turrón, eine beliebte Nougat-Variation). Vor allem die Obstverkäufer locken mit Auslagen, die täglich aufs Neue in knallbunter Farbenpracht und perfekter Symmetrie arrangiert werden.

> **Markt mit Tradition**
> Schon seit mindestens 1217 bieten Händler ihre Waren am heutigen Standort des Mercat de Sant Josep de la Boquería feil. Die Halle entstand allerdings erst ab 1840, ihre Dachkonstruktion bis 1914.

Viel Flair – und Fisch

Das Herz der Halle gehört den Fischhändlern, Menschen mit empfindlicher Nase sollten es eher weiträumig umgehen. Sie würden sich dann allerdings den vielleicht spektakulärsten Abschnitt des ganzen Spazier-

gangs entgehen lassen. Denn mit der Artenvielfalt des großen Aquariums im Port Vell (Alter Hafen) kann es die Markthalle durchaus aufnehmen. Auf Eis liegen hier Brassen, Dorsche, Flundern, Haie, Hechte, Heilbutte, Krustentiere, Muscheln, Steinbutte, Schwertfische, Tintenfische, Thunfische, Wolfs- und Zackenbarsche – manchmal bereits fertig filetiert, manchmal noch in voller, fast beängstigender Größe.

Im hinteren Teil des Gebäudes finden Sie hauptsächlich frisches Fleisch (oft auch in Form ganzer Wachteln, Hühner oder Ferkel), alle Arten von Wurstspezialitäten (etwa feurig-würzige Chorizo) oder ganze Räucherschinken (noch edler als der bekannte Jamón Serrano ist der wesentlich teurere Jamón Ibérico). Über die gesamte Halle verstreut sind außerdem Bars, Bistros und Cafés, die aus den direkt nebenan gekauften Zutaten köstliche Snacks zaubern: günstig, schnell und dabei oft in einer erstaunlichen Qualität.

Verlassen Sie die Markthalle wieder durch ihr an den Rambles gelegenes Haupttor. Folgen Sie der Flaniermeile weiter nach rechts, um bald links in den **Carrer de Ferran** einzubiegen. Die schnurgerade Straße führt nun durch das **Barri Gòtic**, Barcelonas ältestes Viertel. Bald öffnet sie sich zur **Plaça de Sant Jaume**, vor zwei Jahrtausenden lag hier das Forum – also der Haupt- und Marktplatz – der römischen Siedlung Barcino.

Hinter der Platzanlage setzt sich der **Carrer de Ferran** fort. Sie gelangen

Gleich am Eingang des Mercat de Sant Josep de la Boquería (▶ S. 59) gibt es eine Reihe von Obstständen, die auch frisch gepresste Säfte anbieten.

zur Via Laietana, biegen links in diese Hauptverkehrsstraße ein und gehen dann weiter bis zur **Plaça d'Antoni Maura**. Wenden Sie sich nun rechts in die **Avinguda de Francesc Cambó**. Das Dach des **Mercat de Santa Caterina** können Sie jetzt gar nicht mehr übersehen – mit seiner von bunten Mosaiken verzierten Wellenform liegt es direkt vor Ihnen. Diese Halle hat ihre Modernisierung (1997–2005) schon hinter sich, dabei ging man allerdings deutlich radikaler vor als etwa beim Mercat de Sant Antoni: Das Gebäude wurde komplett entkernt, nur die Außenmauern blieben stehen. Über ihnen entstand dann die spektakuläre Dachkonstruktion der

Märkte von morgen
Dass Nachbarschaftsmärkte kein überholtes Konzept der Vergangenheit sind, beweist die Stadt nicht nur durch die Modernisierung ihrer alten Hallen: Barcelonas jüngster Markt, der Mercat del Fort Pienc, eröffnete erst 2003.

bekannten Architekten **Enric Miralles** und **Benedetta Tagliabue**.

Verglichen mit dem zentralen, teilweise doch schon touristisch geprägten Mercat de Sant Josep de la Boquería gibt sich dieser Markt weniger prächtig, dafür aber deutlich authentischer, alltäglicher und nachbarschaftlicher: Hier kauft ein, wer wirklich im Viertel wohnt.

Zum Schluss des Spaziergangs können Sie noch in den Cuines Santa Caterina einkehren – zur modernisierten Markthalle gehört auch ein eigenes Restaurant. Nach dem Dessert gehen Sie auf der **Avinguda de Francesc Cambó** zurück zur **Via Laietana** und dort rechts weiter zur Metrostation Urquinaona.

SEHENSWERTES

Mercat Alimentació de Sant Antoni ► S. 145, F 12

Barcelonas größter und derzeit wohl auch ungewöhnlichster Markt.
C. de Comte Urgell • Metro: Sant Antoni • www.mercatdesantantoni.com •
Mo–Do 7–14.30 und 17–20.30, Fr, Sa und vor Feiertagen 7–20.30 Uhr
(Stände teils abweichend)

Mercat de Santa Caterina ► S. 150, C 21

1845 als erster überdachter Markt der Stadt erbaut, zeigt diese Halle seit
2005 ihr neues, spektakuläres Dach.
Av. de Francesc Cambó 16 • Metro: Jaume I, Urquinaona • Tel. 9 33 19 57 40 •
www.mercatsantacaterina.net • Mo 7.30–14, Di, Mi, Sa 7.30–15.30, Do, Fr
7.30–20.30 Uhr (Stände teils abweichend)

Mercat de Sant Josep de la Boquería 4 ► S. 150, A/B 21

Der nur kurz »La Boquería« genannte Markt ist der berühmteste der Stadt,
keine andere Halle putzt sich so sehr heraus.
Rambla 91 • Metro: Liceu • www.boqueria.info • Tel. 9 33 18 25 84 • Mo–Sa
6–21 Uhr (Stände teils abweichend)

ESSEN UND TRINKEN

Cuines Santa Caterina ► S. 150, C 21

Die Vorräte lagern in den hohen Wandregalen des Speiseraums, an manchen Tischen sitzt man fast direkt neben der offenen Küche. Glücklicherweise bleibt dieses Restaurant in der Markthalle auch nach Marktschluss
geöffnet. Asiatische und mediterrane Spezialitäten, daneben viele vegetari-
sche Gerichte und Sushi-Variationen.
Mercat de Santa Caterina • Tel. 9 32 68 99 18 • www.cuinessantacaterina.
com • So–Mi 13–16 und 20–23.30, Do–Sa 13–16 und 20–0.30 Uhr (Frühstück und Tapas an der Bar bereits tgl. ab 9 Uhr) • €–€€

Bar Central la Boquería ► S. 150, A/B 21

Aus marktfrischen Zutaten kredenzt das Personal dieses Stands köstliche
Paellas und Tortillas, zum Nachtisch gibt es Crema Catalana.
Mercat de Sant Josep de la Boquería (Stand G, Reihe 6) • Tel. 9 33 01 10 98 •
Mo–Di 6.30–16 Uhr

Bar Pinotxo ► S. 150, A/B 21

Joan Bayen, besser bekannt als Pinotxo, ist der wohl berühmteste Markt-
händler der ganzen Stadt. Seinen Imbiss betreibt Bayen schon in dritter
Generation, blitzschnell zaubert er hier traditionelle Snacks – etwa Boh-
nen mit Blutwurst oder Kabeljau mit Knoblauchcreme. Dazu gibt's Cava.
Mercat de Sant Josep de la Boquería (Stand G, Reihe 7) • Tel. 9 33 17 17 31 •
Mo–Sa 6–17 Uhr

Alte Stadt, neue Architekten

Mit diesen Bauten schlägt einen die Metropole immer
wieder in den Bann: üppig ornamentierte Gebäude, oft
so bizarr wie die Kulissen eines Fantasy-Films. Die vor
rund einem Jahrhundert zu Ende gegangene Epoche des
Modernisme prägt Barcelona bis heute – und zwar nicht
nur architektonisch, sondern auch sozial wie kulturell, im
ganz alltäglichen Denken der Menschen. Ein Spaziergang
durch die Altstadt verdeutlicht, warum die modernistischen
Ideen hier auf fruchtbaren Boden fielen.

◄ Inneres der Casa Battló (► S. 76): Die Fenster des ersten Stocks stellen von außen gesehen ein Drachenmaul dar.

START Metro Drassanes
ENDE Metro Urquinaona
DAUER 1,5–2 Stunden

Wohl kaum eine andere europäische Metropole wurde so stark von einer einzigen Epoche geprägt wie Barcelona von der katalanischen Variante des Jugendstils. Dem **Modernisme** widmet sich in diesem Band daher noch ein zweiter Spaziergang (► Spaziergang 6), der durch den Stadtteil Eixample führt – also durch jene Stadterweiterung, die zur gigantischen Spielwiese modernistischer Architekten wurde. Dort entfaltete sich die Stilrichtung zu ihrer vollen Blüte, dort stehen auch die berühmtesten Bauten des genialen katalanischen Baumeisters **Antoni Gaudí**, etwa die Wohnhäuser Casa Battló und Casa Milà sowie natürlich die weiterhin unvollendete Kirche Sagrada Família.

> **Lehrjahre**
> »Wer weiß, ob wir den Titel einem Verrückten oder einem Genie gegeben haben – nur die Zeit wird es uns sagen.« Elies Rogent i Amat, Direktor der Architekturschule von Barcelona, im Frühjahr 1878 über seinen gerade graduierten Studenten Antoni Gaudí.

Frühwerk, Vorläufer, Kontrastprogramm

Dagegen führt diese erste Modernisme-Tour zunächst durch die Altstadt, die **Ciutat Vella**. Neben anderen Gebäuden erkundet sie dabei ein bedeutendes Gaudí-Frühwerk und erforscht gleichzeitig, welche besonderen, nur in Barcelona herrschenden Vorbedingungen überhaupt den rasanten Aufstieg des Jugendstils einleiten konnten. Beide Spaziergänge sind übrigens so konzipiert, dass man sie unabhängig voneinander begehen kann. Oder auch gerne direkt hintereinander – denn Spaziergang 6 beginnt genau dort, wo Spaziergang 5 endet.

Genug der Vorrede, los geht's: Von der Metrostation Drassanes gelangen Sie direkt auf die berühmten **Rambles**, jene Flanier- und Vergnügungsmeile, die einst eine ganz zentrale Schlagader der Stadt war. Biegen Sie gleich wieder links in den **Carrer de Santa Mònica** ein. Eine schmale Gasse, die Hauswände rücken nah zusammen: Hier, im historischen und lange Zeit notorisch überbevölkerten Altstadtviertel **El Raval**, herrschten früher bedrückende Verhältnisse. Am Ende der Gasse gehen Sie rechts in den nur wenig breiteren Carrer de Montserrat. Folgen Sie dieser Straße, die nach der nächsten Kreuzung zum Carrer de Guàrdia wird. An ihrem Ende biegen Sie rechts in den **Carrer Nou de la Rambla** ein. Und stehen bald vor dem rechter Hand liegenden **Palau Güell**.

Unverhoffter Ruhm

Zuerst bemerken Sie vermutlich die lange Menschenschlange vor dem Eingang. Obwohl der Stadtpalast – mit Ausnahme seiner seltsam ovalen Torbögen und einer leicht überbordenden Ornamentik – zunächst nicht besonders spektakulär wirkt, gehört er zu den bekannten Sehenswürdigkeiten Barcelonas. Als das Gebäude zwischen 1885 und 1889 entstand, war allerdings noch gar nicht daran zu denken, dass ihm später eine besondere Bedeutung beigemessen werden würde: Wer Aufsehen erregen wollte, baute damals eigentlich in der schnell wachsenden Stadterweiterung **Eixample**, die u.a. viel Platz für großbürgerliche Prunkbauten bot. Doch der junge, unkonventionelle Industrielle **Eusebi Güell i Bacigalupi** verweigerte sich diesem Trend.

Er wollte lieber im damals ziemlich verrufenen Viertel **El Raval** leben. Für den Bau seines Stadtpalasts verpflichtete er keinen renommierten Stararchitekten, sondern einen Baumeister, dessen Stern erst allmählich aufzugehen begann. Nicht die besten Voraussetzungen, um ein beeindruckendes, ja berühmtes Gebäude zu erschaffen. Doch wie hieß noch mal der zu Baubeginn 33-jährige Architekt? Gestatten: **Antoni Gaudí i Cornet** (1852–1926).

Gaudí, der in den folgenden Jahrzehnten der Stadt seinen Stempel aufdrücken sollte, entwarf hier eines seiner ersten größeren Gebäude. Der **Palau Güell** gehört unverkennbar zum Frühwerk des genialen Architekten. Viele seiner unverwechselbaren Stilelemente sind längst nicht so konsequent ausgeprägt wie bei späteren Werken – und doch schon klar erkennbar angelegt. Obwohl sich seine in den folgenden Jahrzehnten immer weiter zunehmende Abneigung gegen streng geometrische Formen erst langsam entwickelte, stellte der Palau Güell schon eine radikale Abkehr von der bisher in Barcelona üblichen Art des Bauens dar. So verschmelzen Dekor und Konstruktion, ganz Gaudí-typisch sind z. B. die skurril-skulptural geformten Schornsteine auf dem Dach.

Spektakulär ist außerdem der drei Stockwerke hohe Saal des Palau. Auch sonst wird beim Rundgang durch das Gebäude immer wieder deutlich, dass für den Bau keine Kosten gescheut wurden. Denn mit seinem Stadtpalast wollte Eusebi Güell die Aufwertung der heruntergekommenen Nachbarschaft einleiten – was ihm allerdings nicht wirklich gelang: Seinen zwielichtigen Ruf behielt der Raval bis in die 1990er-Jahre. Die fruchtbare Zusammenarbeit von Güell und Gaudí – beide verband eine enge persönliche Freundschaft – sollte sich übrigens noch mehrere Male als Glücksfall für die Architektur- und Stadtgeschichte erweisen. Der steinreiche, später von König **Alfons XIII.** geadelte Industrielle finanzierte weitere berühmte Projekte, etwa die Colonia Güell und den Parc Güell.

Straßenlaternen mit Hermes-Helm

Folgen Sie wie bisher dem **Carrer Nou de la Rambla**. Nach wenigen Metern sind Sie wieder auf den belebten Rambles. Überqueren Sie die Promenade. Folgen Sie ihr nur ein paar Schritte stadteinwärts, also nach links, um dann gleich wieder rechts in den **Carrer de Colom** einzubiegen. Diese kurze Gasse führt Sie direkt auf die **Plaça Reial**, einen Platz, der zwischen 1848 und 1859 nach Entwürfen von **Francesc Daniel Molina i Casamajó** (1812–1876) entstanden ist. Mit seiner geschlossenen Anlage, den Arkadengängen und klassizistischen Fassaden erinnerte er an viele andere ältere Plazas und Piazze in Spanien und Italien, wäre im Kontext dieser Tour also eigentlich nicht weiter erwähnenswert.

Aber werfen Sie doch mal einen genaueren Blick auf die schmiedeeisernen Laternen, die meistens zu zweit oder dritt von einem Laternenmast getragen werden. Zwei Masten heben sich deutlich ab – sie tragen jeweils sechs Laternen, sind außerdem von einem gefiederten Hermes-Helm und zwei streitenden Schlangen gekrönt: **Antoni Gaudí** gestaltete sie 1878 im Auftrag der Stadtverwaltung, die ihn aus diesem Anlass als »jungen und tüchtigen Architekten« lobte.

Wenden Sie sich – mit dem Rücken zum Carrer de Colom – nach links, um den Platz über den **Passatge de Madoz** wieder zu verlassen. Gehen Sie dann nach links in den Carrer de Ferran und nach rechts zurück auf die **Rambles**. Sie folgen der Promenade also stadteinwärts, Sie passieren das auf der linken Straßenseite stehende Gebäude des **Gran Teatre del Liceu** (Nr. 51–59) – kein Modernisme-Bau, aber doch ein absolut sehenswertes Haus, das auf dieser Architektur-Tour nicht unerwähnt bleiben soll. Es entstand bis 1847 nach einem Entwurf von **Miquel Garriga i Roca** (1804–1888). Zweimal, 1861 und 1994, wurde es von verheerenden Bränden zerstört, anschließend aber wieder aufgebaut. Das Liceu gehört zu den größten Opernhäusern Europas.

> ### Mäzen
>
> Die Jahrzehnte während Zusammenarbeit des Duos Güell/Gaudí begann nicht erst mit dem Palau. Schon 1884 hatte Gaudí einen ersten Auftrag des jungen Industriellen erhalten, bis 1887 baute er die Pavellons Güell – damals vor den Toren der Stadt, heute liegen sie direkt an der Avinguda Diagonal.

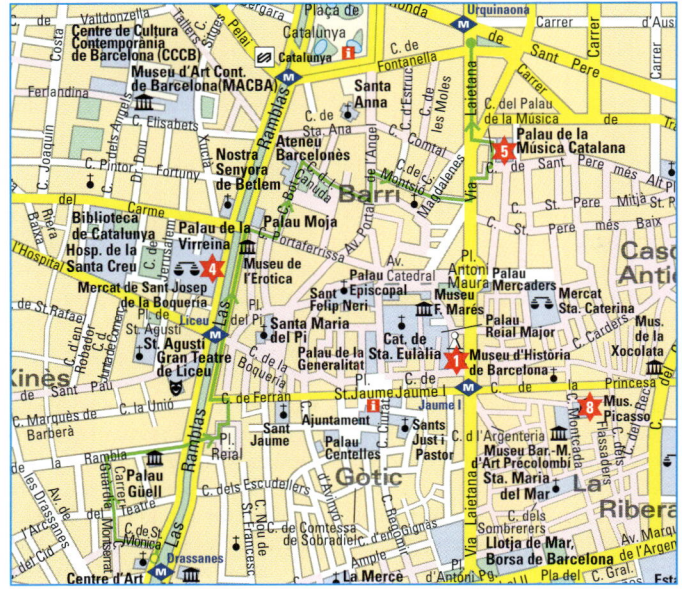

Der Zuschauerraum des Gran Teatre del Liceu (▸ S. 63) wurde originalgetreu rekonstruiert, die Bühnenmaschinerie dagegen dem aktuellen Stand der Technik angepasst.

Seine Fassade und sein Interieur illustrieren gut, wie während der Jahrzehnte vor dem Aufkommen modernistischer Ideen gebaut wurde: oft eklektizistisch, also in Mischung und Nachahmung verschiedener älterer, eigentlich längst überholter Stilrichtungen.

Der in den 1880er–Jahren aufblühende Modernisme verstand sich da ausdrücklich als Gegenbewegung, die schon dem Namen nach eine neue, moderne Ästhetik proklamierte – und diese wenn nötig auch an bereits bestehenden Gebäuden umsetzte. Folgen Sie weiter den **Rambles** und achten Sie dabei links auf das Haus mit der Nummer 83. Ab dem ersten

Knalleffekt

Während die Arbeiter in ihren ärmlichen Behausungen dahinvegetierten, feierten die Fabrikanten ihren Reichtum nebenan im Liceu: 1993 verübte der Anarchist Santiago Salvador einen Bombenanschlag auf das damals als Symbol des Großkapitalismus geltende Opernhaus, 20 Menschen starben.

Stockwerk aufwärts gibt sich das Gebäude schlicht und schnörkellos. Doch im Erdgeschoss, das heute als Ladenlokal der **Pasteleria Escribà** dient, wurden Fassade und Interieur von **Antoni Ros i Güell** (1873–1954) konsequent modernistisch gestaltet. Charakteristisch ist neben dem üppigen Einsatz von Buntglas und Schmiedeeisen u. a. die vor allem an der abgerundeten Hausecke auffällige Trencadís-Technik. So wurden Keramik-Bruchstücke, etwa aus Geschirr oder Kacheln, zu neuen Mosaiken zusammengesetzt. Die Technik steht übrigens fast sinnbildhaft für den Modernisme, der sich von traditionellen Stilen (etwa der

Spektakulär: die modernistisch gestaltete Pasteleria Escribà (▶ S. 71). Konditor Cristian Escribà ist für seine außergewöhnlichen Kreationen berühmt.

mittelalterlichen Gotik) durchaus inspirieren ließ, ihre Formen dabei aber respektlos brach und neu interpretierte.

Der Bauch von Barcelona

Sie spazieren immer noch über die Rambles und stehen schon nach wenigen Schritten vor dem nächsten berühmten Bau mit bedeutenden Modernisme-Elementen: Die sonst durchgehende Häuserzeile öffnet sich hier zu einem Rücksprung, der den Eingang der Markthalle **La Boquería** 4 (Nr. 91) freigibt. Architektonisch interessant ist z. B. ihr gotisch geschwungenes, mit bunten Glasmosaiken verziertes Eingangstor, das auf den Architekten **Antoni de Falguera** (1876–1947) zurückgeht. Die Halle selbst war unter der Federführung anderer Baumeister bereits ab 1840 gebaut worden. In mehreren Phasen wurde dann er-

gänzt und erweitert – so entstand auch die bis heute erhaltene, ebenfalls modernistische Dachkonstruktion erst 1914. Gleich vorne rechts hinter dem Eingang können Sie sich beim Marktstand Bar Pinotxo mit gebratenen Snacks und Sekt – bzw. dessen katalanischer Variante, dem Cava – stärken.

Gehen Sie dann auf den Rambles wieder stadteinwärts. Rechts folgen Sie bald dem **Carrer de la Portiferrissa** ins Herz des **Barri Gòtic** (wörtlich: Gotisches Viertel), also des historischen Stadtkerns. Nehmen Sie bei nächster Gelegenheit links den schmalen **Carrer d'En Bot**. Den Weg durch das Gassengewirr können Sie nun für eine gedankliche Zeitreise nutzen. Stellen Sie sich vor, die Menschenmassen der Rambles wären Ihnen geschlossen in das schmale Sträßchen gefolgt! So erhalten Sie vielleicht einen ungefähren Eindruck der katastrophalen Lebensbedingungen gegen Mitte des 19. Jh. – die rettungslos überbevölkerte Stadt stand kurz vor dem Kollaps.

Die entfesselte Stadt

Gewiss, vor allem Arbeiter lebten damals auch in vielen anderen europäischen Großstädten unter erschreckend engen und unhygienischen Bedingungen. Doch in Barcelona stellte sich die Situation besonders schlimm dar. Die Lage, so die Stadtverwaltung zu jener Zeit, sei derart dramatisch, dass die Menschen, ganz gleich ob Arm oder Reich, »scharenweise stürben, wenn die Göttliche Vorhersehung nicht über dieser Stadt wachte, um sie vor der Sichel einer Epidemie zu bewahren«. Tatsächlich wurde eine dringend nötige Erweiterung der katalanischen Metropole immer wieder durch die spanische Zentralregierung blockiert. Erst 1854, als Barcelona schon längst Motor der Industrialisierung ganz Spaniens geworden war, genehmigte Madrid endlich den Abriss der mittelalterlichen Befestigungsmauern – und ein systematisches Wachstum der Stadt jenseits ihrer bereits Jahrhunderte alten Grenzen. Eilig wurden Masterpläne erarbeitet, u.a. von **Miquel Garriga**, dem Architekten des Gran Teatre del Liceu. Beschlossen wurde 1860 dann ein damals visionärer Plan des Bauingenieurs und Stadtplaners **Ildefons Cerdà** (1815–1876). Als der Bau des neuen Stadtteils **Eixample** (Erweiterung) schließlich an Fahrt aufnahm, entfaltete europaweit der Jugendstil zunächst zarte, dann immer kräftigere Blüten – und fand in Barcelonas Neubaugebiet, das größer als die gesamte bisherige Stadt werden sollte,

bald ein gigantisches städtebauliches Labor vor.

Jene Grenze zwischen Ciutat Vella und Eixample, zwischen Altstadt und Neustadt, stellt das Ziel dieses Spaziergangs dar, jetzt folgt die Tour aber erstmal weiter dem **Carrer d'En Bot**. Von ihm biegen Sie rechts in den Carrer de la Canuda ein, dann links in die Avinguda del Portal de l'Àngel und gleich wieder rechts in den engen **Carrer de Montsió**. Sie gelangen zur **Casa Martí** (Nr. 3), die 1896 von **Josep Puig i Cadafalch** (1867–1956) fertiggestellt wurde. Wie Gaudí gehörte Puig zu den einflussreichsten Architekten des Modernisme – für den dieses Gebäude allerdings kein lupenreines Beispiel liefert. Geometrische Formen sind hier vorherrschend, nicht zu übersehen ist der starke neugotische Einfluss, der sich z. B. an der charakteristischen Form der Torbögen im Erdgeschoss bemerkbar macht.

Kaffee, Künstler und vier Katzen

Doch gerade dieses Erdgeschoss hat es in sich! Es diente einst als wichtiger Intellektuellen-Treffpunkt der Stadt. Nicht nur die Protagonisten des Modernisme, sondern auch viele andere Künstler der vorletzten Jahrhundertwende gingen hier einst ein und aus. Mit seinem Namen spielte das 1896 eröffnete Künstlercafé **Els Quatre Gats** (Die vier Katzen) auf sein berühmtes Pariser Pendant und Vorbild, das Chat Noir (Schwarze Katze), an. Und auf seine avantgardistisch-elitären Gäste: Von »quatre gats« spricht man im Katalanischen, wenn nur eine kleine, sehr überschaubare Gruppe von Menschen gemeint ist. Der nicaraguanische

Diplomat und Schriftsteller **Rubén Darío** (1867–1916) war 1899 zu Gast im Künstlercafé – und beschrieb den Laden daraufhin: »Darin finden wohl nicht mehr als hundert Personen Platz. Er ist geschmückt mit Plakaten, Feder- und Tuschzeichnungen, Drucken, Skizzen und auch Bildern der jungen, neuen Barceloneser Maler, worunter insbesondere die von Meister Rusiñol signierten hervorstechen (…) Im fast vollen Lokal fielen anmutig mehrere – intellektuelle, wie man uns sagte – junge Damen auf (…) weder Frisur noch Kleidung machten auf snobistisch. Es wimmelte von Künstlertypen (…)« Mit Meister Rusiñol war **Santiago Rusiñol i Prats** (1861–1931),

Kunstgeschichte(n)

Das Künstlercafé Els Quatre Gats war 1900 sogar Schauplatz der ersten Ausstellungen von Pablo Picasso. Besondere Aufmerksamkeit erregten die Bilder des damals erst 17 Jahre alten Malers allerdings noch nicht.

der vielleicht produktivste Künstler des Modernisme, gemeint. Ein anderer jener »Künstlertypen«, ein gewisser **Pablo Ruiz Picasso** (1881–1973), gestaltete sogar eine Grafik, die als Titel der Speisekarte genutzt wurde – das Original können Sie nicht weit von hier im Picasso-Museum bewundern. Nach nur sieben Jahren, in denen das Künstlercafé bereits zur Legende geworden war, schloss es 1903. Erst 1978 wurde es neu eröffnet und restauriert, seine Einrichtung atmet inzwischen wieder das authentische Flair des Modernisme. Im Gastraum sehen Sie heute u. a. das großformatige Ölgemälde zweier weiß gekleideter, bärtiger Herren auf einem Tandem. Es handelt sich um

Originalplan der Stadterweiterung Eixample (▶ S. 66) von 1859: Architekt Ildefons Cerdà setzte in dem gerasterten Plan den Gedanken an Platz und Verkehrswege um.

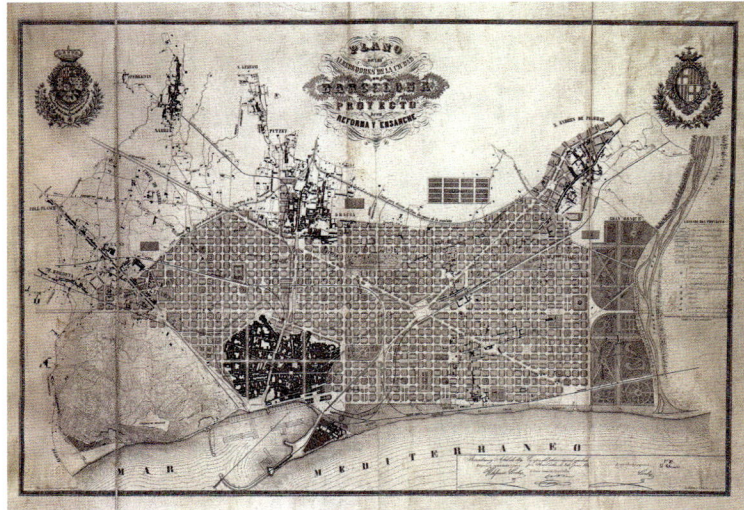

eine Kopie, deren Original bis 1900 im Els Quatre Gats gezeigt wurde – mittlerweile gehört es dem Museu Nacional d'Art de Catalunya (Museum für Nationale Katalanische Kunst) am Montjuïc. Vorne auf dem Fahrrad sitzt, mit einer Pfeife im Mund, der Künstler höchstpersönlich: **Ramon Casas i Carbó** (1866–1932), im 20. Jh. einer der einflussreichsten Maler und Grafiker ganz Spaniens. Hinter ihm tritt, mit dem Blick zum Betrachter, Pere Romeu, der Besitzer des Els Quatre Gats, in die Pedale. »Ramon Casas und Pere Romeu auf einem Tandem« heißt das berühmte Bild. Ein zweites, ebenfalls im Lokal zu sehendes Casas-Gemälde trägt den Titel »Ramon Casas und Pere Romeu in einem Automobil« – und bedarf wohl keiner weiteren Beschreibung.

Aus dem Café kommend gehen Sie nach links, um weiter dem **Carrer de Montsió** zu folgen. In seinem Verlauf wird er zum Carrer de Julià Portet und führt geradeaus zur breiten, schnurgeraden **Via Laietana**. Sie sind der Enge des Barri Gòtic entronnen! Genießen Sie die weiten Blicke, die diese wichtige Verkehrsachse nach Nordwesten und Südosten, zu den Bergen und zum Meer, freigibt. Auch wenn es anders aussehen mag: Sie befinden sich immer noch in der Ciutat Vella. Doch nicht zufällig verströmt die Via Laietana hier schon das Flair des **Eixample**. Sie entstand zwischen 1907 und 1926, um die Stadterweiterung besser mit der Küste zu verbinden – ein wahrhaft einschneidendes Infrastrukturprojekt, für das 2199 Häuser, darunter auch mittelalterliche Paläste von hohem historischen Wert, abgerissen wurden.

Umstrittener Musikpalast

Biegen Sie erst links in die Via Laietana, dann rechts in den **Carrer de Sant Pere Més Alt**. Direkt vor Ihnen steht nun ein vergleichsweise zeitgenössisches Backsteingebäude – der 1989 fertiggestellte Anbau des **Palau de la Música Catalana** 5 (wörtlich: Palast der katalanischen Musik). Gehen Sie weiter geradeaus, um zum modernistischen, zwischen 1905 und 1908 entstandenen Teil des Bauwerks zu gelangen. Schon auf den ersten Blick erkennen Sie Stilelemente, die Ihnen bereits vertraut sind. So wurden die mächtigen Säulen des Palau mit üppigen Trencadís-Mosaiken ornamentiert. Überhaupt: diese Ornamentik! Mit seiner Konzerthalle hat der Architekt **Lluís Domenech i Montaner** (1850–1923) – neben Antoni Gaudí und Josep Puig einer der ganz großen Baumeister seiner Epoche – den Modernisme auf die Spitze getrieben. Nicht wenige würden wohl sogar sagen: Er hat die Dinge überspitzt, übertrieben, überfrachtet. Als der Jugendstil – spätestens in den 1920er-Jahren – wieder aus der Mode kam, gehörte der Palau zu jenen Gebäuden, deren Abriss am vehementesten gefordert wurde. »Heute sind sich alle Barcelonesen bewusst, dass der genannte Palast ein

> ### Neue Zeiten
> Die Verkehrsachse Via Laietana schlug eine mindestens 80 m breite und ungefähr 900 m lange Schneise durch die engen Viertel der Ciutat Vella. 10 000 Menschen wurden umgesiedelt, traditionelle Handwerksgilden verloren ihre seit dem Mittelalter angestammten Sitze.

Um die ursprünglich nur auf Chormusik ausgelegte Akustik im Palau de la Música Catalana (▶ S. 68) anzupassen, wurde die Bestuhlung nachträglich ausgetauscht.

Unglück ist«, formulierte 1929 der Journalist und Schriftsteller **Carles Soldevila y Zubiburu** (1892–1967) in seinem zur Weltausstellung desselben Jahres erschienenen Reiseführer »Die Kunst, Barcelona zu zeigen«. Andere Kritiker drückten ihr Missfallen etwas differenzierter aus, beispielsweise so: »Der Palau ist ein Denkmal für die pompöse Eitelkeit einer Epoche voller Illusionen.«

Hymne aus Stein und Scherben

Dabei galt die Konzerthalle keine 20 Jahre zuvor als Stolz einer ganzen Stadt oder zumindest ihres Großbürgertums, das den Bau finanziert hatte (Bis heute ist der Palau übrigens Treffpunkt der Eliten Barcelonas, die in aller Regel immer noch aus den gleichen Familien stammen wie damals.) Von außen vermittelt Ihnen die reiche Dekoration nur

erste Ansatzpunkte, die vielleicht zum Verständnis der Kontroverse verhelfen können. Wer wirklich begreifen will, warum sich der Zorn späterer Generationen ausgerechnet am Palau entzündete, sollte allerdings an einer Führung teilnehmen: Für eine allzu experimentelle Fassade bot der etwas eingeengte, schwierige Standort im Altstadtviertel **La Ribera** gar keinen Platz. Folgerichtig entschied Lluís Domenech, das Innere seines Musikpalasts umso prächtiger und prunkvoller zu gestalten. Hier wetteifern zahllose Details, Dekorationen und Ornamente um die Aufmerksamkeit des Betrachters: Ein Säulengang, der aus zahlreichen farbenfrohen Mosaiken besteht, jede Säule ein echtes Unikat. Eine erhabene Kuppel aus buntem Glas, voller Farben auch die Fenster, keine Scheibe gleicht der anderen. Büsten von Komponisten, Skulptu-

Beim Bau des Eixample (▶ S. 68) ging Architekt Ildefons Cerdà auf die Grundbedürf-
nisse des Menschen nach Sonnenlicht, Luft, Platz und sinnvollen Verkehrswegen ein.

ren der mythologischen Figuren aus ihren Werken, etwa der Wagner-schen Walküren. Ruhepunkte sucht das Auge vergeblich, der gesamte Palast ist ein einziger Angriff auf den Sehsinn. Kitschig? Nein! Aber so überladen modernistisch, dass ihn selbst manche Liebhaber der »Epoche voller Illusionen« mit gemischten Gefühlen sehen.

Sein Abriss ist natürlich längst nicht mehr zu fürchten: Inzwischen gehört der Musikpalast zum UNESCO-Weltkulturerbe, genauso wie der Palau Güell und viele andere Modernisme-Bauten in Barcelona. Hochkarätige Symphonieorchester aus aller Welt geben ihre Gastspiele

Who is Who

U. a. standen auf der Bühne des Palau: Claudio Abbado, Daniel Barenboim, Leonard Bernstein, Montserrat Caballé, José Carreras, Duke Ellington, Ella Fitzgerald, Norah Jones, Herbert von Karajan, Kurt Masur, Zubin Mehta, Yehudi Menuhin, Sergej Prokofjew, Maurice Ravel, Richard Strauss, Igor Strawinsky.

im Palau de la Música Catalana, pro Jahr verzeichnet er rund eine halbe Million Besucher, die jetzt auch zu Jazz-, Kammermusik- und Popkonzerten kommen. Ursprünglich war die Konzerthalle für den renommierten Volkschor Orfeó Català entstanden, und noch immer gehört das Gebäude dem Chor, zu dessen illustrer Dirigentenreihe u. a. der deutsche Komponist Richard Strauss zählte.

Gehen Sie auf dem Carrer de Sant Pere Més Alt wieder ein paar Schritte zurück, um gleich an der Ecke des Gebäudes rechts in den **Carrer del Palau de la Música** einzubiegen. Sie passieren den Anbau des Musikpalasts, hier befindet sich mittlerweile sein Haupteingang. Auch ohne Tickets für Führungen oder Vorstellungen können Sie im Café des Palau ein Getränk bestellen und dann das modernistische Ambiente bewundern. Zurück auf den Carrer del Palau de la Música folgen Sie dieser Gasse, die gleich zum Carrer de Ramon Mas wird und wieder auf die **Via Laietana** führt: Sie stehen direkt vor der Metrostation Urquinaona.

SEHENSWERTES

Gran Teatre del Liceu ▸ S. 150, A 21

Eines der berühmtesten und größten Opernhäuser ganz Europas.
La Rambla 51–59 • Metro: Liceu • Tel. 9 34 85 99 00 • www.liceubarcelona. cat • Führungen tgl. um 10 Uhr (70 Min., 11,25 €), ungeführte Schnell-Besichtigung 11.30, 12, 12.30 und 13 Uhr (je 20 Min., 5,50 €)

Palau de la Música Catalana ⑤ ▸ S. 150, C 21

Pracht, Prunk und Protz – Barcelonas berühmt-berüchtigte Konzerthalle. Allein wegen des opulenten Interieurs ist das Café einen Besuch wert!
C. Palau de la Música 4–6 • Metro: Urquinaona • Tel. 9 02 44 28 82 • www. palaumusica.org • Führungen tgl. zwischen 10 und 15.30, im Aug. zwischen 9 und 20 Uhr (55 Min., Start immer zur vollen und halben Stunde) • 17 €, erm. 11 € (für Führungen; es wird empfohlen, Tickets z. B. online vorab zu kaufen) • Café: Tel. 9 32 95 56 06 • tgl. 9–24 Uhr

Palau Güell ▸ S. 150, A 22

Geburtsstätte des Genies – eines der ersten von Antoni Gaudí gebauten Häuser.
C. Nou de la Rambla 3 • Metro: Drassanes • Tel. 9 34 72 57 75 • www.palau guell.cat • April–Sept. Di–So 10–20 (letzter Einlass 19 Uhr), Okt.–März Di–So 10–17.30 Uhr (letzter Einlass 16.30 Uhr), 1., 6.–13. Jan., 25., 26. Dez. geschl., an Feiertagen auch Mo geöffnet • 10 €, erm. 8 €

ESSEN UND TRINKEN

Els Quatre Gats ▸ S. 150, B 21

Das ehemalige Künstlercafé bietet heute katalanisch-mediterrane Küche, vor allem mittags zu sehr günstigen Preisen.
C. de Montsió 3 • Metro: Urquinaona • Tel. 9 33 02 41 40 • www.4gats.com • tgl. 10–1 Uhr • €–€€

Pasteleria Escribà ▸ S. 150, B 21

Spektakulär inszenierte Torten, Törtchen, Schokoladenkreationen und viele andere süße Köstlichkeiten, die mit dem modernistischen Interieur des Lokals um die Aufmerksamkeit des Besuchers wetteifern.
La Rambla 83 • Metro: Liceu • Tel. 9 33 01 60 27 • www.escriba.es • tgl. 8–21 Uhr, 6., 25. Jan. geschl.

Häuser wie im Märchen

Immer wieder steht man vor diesen Gebäuden, legt den Kopf in den Nacken, starrt, staunt, wundert sich. Die Architekten des Modernisme, allen voran Antoni Gaudí, haben das ganz eigene, unverwechselbare Gesicht Barcelonas geprägt – und der lange geschundenen Metropole dabei ihren Stolz zurückgegeben. Mit der ab Mitte/Ende des 19. Jh. entstehenden Stadterweiterung Eixample bot sich den modernistischen Baumeistern eine einzigartige Spielwiese, die ihrer Kreativität schnell Flügel verlieh.

◄ Von der Plaça de Catalunya trifft man auf die beliebte Shoppingmeile Avinguda del Portal de l'Àngel (► S. 18).

START Metro Urquinaona
ENDE Metro Sagrada Família
DAUER 1,5–2 Stunden

Von der Metrostation Urquinaona gelangt man entweder direkt auf die **Plaça d'Urquinaona** oder auf die **Via Laietana**, der Sie dann stadteinwärts bis zum genannten Platz folgen. Genau genommen führen diese ersten Schritte des Spaziergangs noch durch die **Ciutat Vella**, die Altstadt. Doch das andernorts oft allgegenwärtige Mittelalterflair fehlt schon völlig, stattdessen säumen Gebäude aus der ersten Hälfte des 20. Jh. die vergleichsweise breite Straße. Die Nähe des Stadtteils Eixample ist bereits spürbar, auch architektonisch, und tatsächlich erreichen Sie nach knapp 200 m die **Plaça d'Urquinaona** – und mit ihr die Schnittstelle zur »Erweiterung« (denn nichts anderes bedeutet »Eixample« auf Deutsch).

Grenzgebiete zwischen Alt und Neu

Bis Mitte des 19. Jh. stieß die Stadt hier an ihre Grenzen oder, exakter, an ihre mittelalterlichen Mauern. Dann wurden die Befestigungen endlich geschliffen, Barcelona durfte wieder wachsen. Vor den bisherigen Toren der Metropole entstand ein gigantisches Neubaugebiet – das

> ### Dicht an dicht
> Mit durchschnittlich mehr als 35 500 Menschen pro qm gehört das Eixample zu den europaweit am dichtesten besiedelten Orten. Die Bevölkerungsdichte ist hier sogar deutlich höher als in Monaco oder Hong Kong. Insgesamt leben mehr als 260 000 Menschen im Eixample.

Eixample. Wenn Sie die Vorgeschichte dieser Stadterweiterung interessiert, sei Ihnen der Spaziergang 5 empfohlen. Er führt auch zu den wichtigsten modernistischen Gebäuden der Ciutat Vella. Oft handelt es sich dort um Früh- und Vorläuferwerke der Epoche oder um Bauten, die sich mit den beengten Bedingungen der Altstadt arrangieren und daher erkennbar stilistische Kompromisse eingehen mussten. Dagegen zeigt dieser Spaziergang den Modernisme nun in seiner vollen Entfaltung. Gehen Sie weiter geradeaus, um die Plaça d'Urquinaona zu überqueren. Rechts erkennen Sie den 1973 fertiggestellten **Torre Urquinaona**: Mit seinen 70 m ist er eines der ersten Hochhäuser der Stadt und architektonisch dem Brutalismus zuzuordnen. Spätestens auf der anderen Seite des Platzes haben Sie das Eixample erreicht. Beachten Sie die abgeschrägten Ecken der anschließenden Häuserblöcke – ein charakteristisches Merkmal der gesamten Erweiterung, die auf **Ildefons Cerdà** (1815–1876) zurückgeht. Der Ingenieur und Städtebauer hatte 1855 einen ebenso fortschrittlichen wie visionären Masterplan vorgelegt. Grundidee: Mit dem Eixample sollte Barcelona der Enge seiner Altstadtviertel entkommen. Die Stadt sollte grüner, großzügiger, lebenswerter werden. Daher auch die besondere Form der Häuserblöcke; durch ihre Schrägen eröffnet sich jetzt an jeder Kreuzung fast ein kleiner Platz.

Verkaufte Vision: Grau statt Grün

Biegen Sie rechts in den Carrer d'Ausiàs March ein, gehen Sie an der zweiten Kreuzung links in den Carrer del Bruc und bei der nächsten Gelegenheit gleich wieder links in den **Carrer de Casp**. Wie hier wurden die Straßen und Häuser des gesamten Eixample auf einem Schachbrettmuster angelegt. Bei der weiteren Umsetzung des Masterplans von Cerdá ging die ursprünglich vorgesehene Großzügigkeit allerdings bald wieder verloren: So hatte Cerdà die exakt 113,3 x 113,3 m messenden Blöcke des Stadtteils nur an je zwei Seiten, also L-förmig bebauen und die frei bleibenden Flächen begrünen wollen. Doch eine Bebauung auf allen vier Seiten versprach natürlich viel mehr Profit – und wurde schnell beschlossen.

Bleiben Sie vor dem Haus mit der Nr. 48 stehen. Sie haben das erste Gaudí-Gebäude dieses Spaziergangs erreicht! Mit der **Casa Calvet** hat **Antoni Gaudí** (1852–1926) hier sein wohl konventionellstes Bauwerk errichtet. Viele für ihn sonst so typische Merkmale fehlen, die elegante Fassade gibt sich vergleichsweise einfarbig und symmetrisch. An einigen Stellen ist die unverwechselbare Handschrift des berühmten Architekten dann aber doch unübersehbar. Achten Sie vor allem auf die schmiedeeiserne Dekoration des Erkers im ersten Stockwerk und auf die eigenwillig geschwungene Form der Doppelgiebel. Was das zwischen 1898 und 1904 entstandene Haus an offensichtlicher Ornamentik vermissen lässt, macht es außerdem mit dezenter Symbolik wieder wett. Beispielsweise wurden seine Säulen großen, gestapelten Spulen nachempfunden: **Andreu Calvet i Pintó**, Bauherr der Casa Calvet, war Erbe eines reichen Textilfabrikanten. Auch auf Calvets Leidenschaft für das Pilzsammeln spielte Gaudí mit zahlreichen dekorativen Details an.

Als Einziges der drei Gaudí-Häuser im Eixample lässt sich die Casa Calvet nicht besichtigen. Dafür lädt aber ein nach dem Gebäude benanntes Restaurant ins Erdgeschoss – und damit in ein ganz authentisches modernistisches Ambiente. Folgen Sie nun weiter dem **Carrer de Casp**. An der dritten Kreuzung biegen Sie rechts in den **Passeig de Gràcia**. Der Name dieser Prachtstraße findet sich in der Adresszeile vieler wichtiger Modernisme-Bauten.

> **Nicht zu verwechseln**
> Während der Modernisme seine opulente Ornamentik feierte, zeichnete sich die später, etwa ab 1918, einsetzende Moderne gerade durch ihre Schnörkellosigkeit aus. Allerdings teilten beide Bewegungen auch manche Ansätze – sie wollten die menschenwürdige Ästhetik eines neuen Zeitalters erschaffen.

Schluss mit schnurgerade!

Doch was hat es mit dem berühmten, für Barcelona so wichtigen Modernisme nun eigentlich auf sich? Im Kern handelt es sich um eine Bewegung, die gegen Ende des 19. Jh. ganz Europa ergriffen hatte – und auf Deutsch als Jugendstil bekannt geworden ist: Die Architektur- und Kunstszene jener Zeit wurde von einer beispiellosen Aufbruchstimmung beherrscht. Mit überholten

Stilen und Zwängen sollte endlich Schluss sein! Man wollte nicht mehr länger die ständig gleichen historischen Vorbilder kopieren. Schließlich hatten sich die Lebensbedingungen der Menschen grundlegend verändert, die Industrialisierung schritt immer weiter fort. Also warfen die Protagonisten des Jugendstils alte Traditionen über Bord, sie nahmen sich ganz neue kreative Freiheiten. Statt symmetrischer Achsen gestalteten sie geschwungene Formen, als Inspiration dienten organische, der Natur entlehnte Vorbilder.

Obwohl sich die Bewegung europaweit bei vielen grundsätzlichen Fragen einig war, entwickelte sie doch verschiedene Antworten und Aus-

prägungen: Art Nouveau in Frankreich, Modern Style in England. Besonders experimentell und konsequent gaben sich die Vertreter des katalanischen Modernisme. Sie brachen mit jeder überlieferten, ihre Fantasie bremsenden Vorschrift. Von den natürlichen Originalen, die sie zu ihren neuen Formen inspiriert hatten, entfernten sich die avantgardistischen Architekten Barcelonas irgendwann so weit, dass sie dadurch den Weg für die abstrakte Kunst des 20. Jh. bereiteten.

Architektonischer »Zankapfel«

Beispiel gefällig? Folgen Sie weiter dem Nobelboulevard **Passeig de**

Bei den Arbeiten an der Fassade der Casa Batlló (▸ S. 76) mit ihren geschwungenen Balkonbrüstungen wurde Architekt Antoni Gaudí von Josep Maria Jujol unterstützt.

Gràcia. Nach der dritten Kreuzung stehen Sie auf der linken Straßenseite vor dem wohl berühmtesten Häuserblock von Barcelona. Er wird auch als »Manzana de Discòrdia« (wörtlich: Zankapfel) bezeichnet – ein Wortspiel, das sich die doppelte Bedeutung des spanischen Worts Manzana (Apfel oder auch Häuserblock) zunutze macht: Bauwerke der drei wichtigsten Modernisme-Architekten streiten hier um Ihre Aufmerksamkeit.

Das Erste dieser drei Gebäude, die **Casa Lleó Morera** (Nr. 35), war ursprünglich 1864, also noch vor Aufkommen des Modernisme, fertiggestellt worden. Bis 1905 wurde es von **Lluís Domènech i Montaner** (1850–1923, er entwarf z. B. auch die Konzerthalle Palau de la Música Catalana) modernistisch umgestaltet. Im Erdgeschoss befindet sich heute eine Boutique des spanischen Luxus-

labels Loewe, links daneben eine Filiale des Juweliers Cartier – der Passeig de Gràcia gehört zu den exklusivsten Einkaufsstraßen der Stadt. Die **Casa Amatller** (Nr. 41) entstand, drei Häuser weiter, bis 1900. Auftraggeber und Bauherr war der Schokoladenfabrikant **Antoni Amatller i Costa**, die Entwürfe stammten von **Josep Puig i Cadafalch** (1867–1956) – er hatte zuvor bereits die **Casa Martí** geplant (▸ Spaziergang 5).

Lebendiges Bauwerk

Schon die reich ornamentierten Fassaden der Casa Lleó Morera und der Casa Amatller laden zum Starren und Staunen ein. Noch spektakulärer gibt sich die von **Antoni Gaudí** zwischen 1904 und 1906 umgestaltete **Casa Battló** (Nr. 43): Symmetrien sucht das Auge des Betrachters hier fast vergeblich; die runden, gewellten, geschwungenen Formen des

Bauwerks wirken wie von selbst gewachsen. Angeblich ist die Casa Batlló dem als katalanischen Schutzheiligen verehrten, mythologischen Drachentöter St. Jordi (hl. Georg) gewidmet. Entsprechend erinnert ihr Dach an den geschuppten Rücken eines Drachens, der – wie auch die mit glasierter Keramik gefliest Fassade – bunt das Licht der grellen Mittelmeersonne reflektiert. Im Inneren sind Säulen und Bögen scheinbar riesigen Knochen nachempfunden. Für den Besucher ergibt sich fast der Eindruck, man besichtige das Innere eines Lebewesens. Diese märchenhafte Anmutung der Casa Batlló wird weiter verstärkt, u. a. durch ihre bizarren Balkonbrüstungen und ihre skulpturalen, schon aus dem **Palau Güell** (▸ Spaziergang 5) bekannten, mit farbiger Keramik verzierten Schornsteine. Eigentlich diente das Bauwerk aber als (vielleicht nicht ganz) gewöhnliches Wohnhaus, die kostbare Jugendstileinrichtung ist ebenfalls unbedingt sehenswert. Um zum nächsten Gaudí-Gebäude zu gelangen, gehen Sie weiter den **Passeig de Grácia** hinauf. Vielleicht drängt sich Ihnen inzwischen eine Frage auf: Wie ist diese besondere Blüte des Modernisme in Katalonien eigentlich zu erklären? Vielleicht fand die Stilrichtung ja einfach einen besonderen Anklang in der katalanischen Volksseele. »Uns gehört das Bild. Die Fantasie kommt von den Geistern. Die Fantasie gehört den Leuten des Nordens. Wir sind konkret. Das Bild kommt vom Mittelmeer«, sagte Antoní Gaudí, der fest daran glaubte, dass die Völker des Mittelmeerraums mit einem angeborenen Sinn für Kunst, Gestaltung und Originalität ausgestattet waren.

> **Modernistisches Manifest**
>
> Dass der Fantasie des genialen Architekten hier ursprünglich Grenzen gesetzt waren, ist kaum noch zu erkennen: Tatsächlich wurde die Casa Batlló bereits 1877 gebaut. Beauftragt vom Textilfabrikanten Josep Batlló i Casanovas verwandelte sie Antoni Gaudí später in ein modernistisches Manifest.

Von Modernisten und Nationalisten

Jenseits solcher Spekulationen bot Barcelona aber auch im wortwörtlichen Sinne einen außerordentlich fruchtbaren Boden für den Jugendstil. Als die Bewegung erstarkte, nahm die Erschließung des Eixample gerade an Fahrt auf. Das Neubaugebiet, mit dem die Stadt über sich hinauswuchs, wurde so zu einem gigantischen Experimentierfeld der modernistischen Architekten. Und dann traf der Modernisme hier noch auf eine weitere Bewegung, die ihn ganz wesentlich befruchtete – auf die Renaixença (Wiedergeburt): In ganz Katalonien begannen die Menschen während des 19. Jh., sich der reichen Kultur ihres einst unabhängigen Landes zu erinnern. So wurde z. B. 1859 der mittelalterliche Dichterwettstreit Jocs Florals (Blumenspiele) wieder aufgenommen. Vor allem das immer selbstbewusster werdende Großbürgertum betrachtete sich als Motor der Renaixença, die bald sogar politische Forderungen nach weitgehender Autonomie für Katalonien erhob. Den Modernisme sah man nun – zu Recht – als erste eigene, katalanische Stilrichtung, als Ausdruck des neu erwachten Nationalbewusstseins. Für die reichen Industriellen Barcelonas war es also fast schon eine patriotische Pflicht, modernistisch zu bauen. Dass der opulente Jugendstil darüber hinaus vorzüglich geeignet schien, den Reichtum seiner Bauherren zur Schau zu stellen, hat seiner Verbreitung sicherlich nicht geschadet …

Transzendenter Steinbruch

Die nächste Sehenswürdigkeit dieses Spaziergangs ist bald gar nicht mehr zu übersehen: Auf der rechten Straßenseite des **Passeig de Gràcia** steht das Eckhaus mit der Nr. 92. Eine Fassade, die immer wieder vor und zurück springt, sich schwingt und wölbt, selbst die letzten Reste konventioneller Architektur (etwa Ecken, Geraden oder Kanten) vermissen lässt – wohl kein anderes Gebäude von Antoni Gaudí gibt sich so bizarr wie seine **Casa Milà**. Spötter, die statt eines Hauses nur noch eine zufällige Ansammlung von Baumaterial erkennen wollten, sprachen abfällig von »La Pedrera« (Der Steinbruch). Ob das zwischen 1905 und 1910 entstandene Wohngebäude überhaupt noch dem Modernisme zugeordnet werden kann, ist umstritten. Kritiker meinen, dass Gaudí den Jugendstil transzendierte, dass er sich spätestens hier jeder Klassifizierung entzog. Vom Palau Güell über die Casa Calvet und Casa Battló bis zur Casa Milà – die stilistische Entwicklung des genialen Baumeisters zeigt sich in der Chronologie dieser Gebäude überdeutlich. Nach der Casa Milà entwarf er übrigens keine weiteren Profanbauten mehr, er widmete sich nun ganz der Arbeit an seinem berühmtesten Werk, der Sagrada Família.

Für Fans von Gaudí ist die Besichtigung seines letztes Wohngebäudes fast ein Muss. Eine Wohnung im sechsten Stock wurde mit Mobiliar aus den 1920er-Jahren ausgestattet. Im Dachgeschoss ist eine Ausstellung über den Architekten zu sehen, und auf die Dachterrasse sollte man nicht nur wegen der weiten Aussicht über das Eixample steigen. Hier finden sich die berühmten, fast furchterregenden (und mit etwas Abstand zum Gebäude auch von der Straße erkennbaren) Schornsteine des Architekten wieder. Dass Gaudí bei aller Originalität auch mit Blick auf die Praxis plante, beweist die stadtweit erste Tiefgarage unter der Casa Milà. Auch die natürliche Belüftung ihrer Innenräume setzte Maßstäbe.

Ruinöser Liebesbeweis

Der Spaziergang führt sie weiterhin geradeaus über den **Passeig de Gràcia**. Sie gehen nun bis zum Ende des Nobelboulevards und gelangen so zur zwischen 1908 und 1911 von **Lluís Domènech** erbauten **Casa Fuster** (Nr. 132). Den Auftrag für diesen Prachtbau hatte ein mallorquinischer Aristokrat erteilt. **Mariano Fuster i Fuster** wollte seine aus Barcelona stammende Braut – und gleichzeitig ihre gesamte Heimatstadt – nachhaltig beeindrucken. An Marmor wurde daher nicht gespart, auch das typische Modernisme-Dekor der Epoche setzte man konsequent um (beachten Sie z. B. die ornamentierten Säulen!). Das Haus galt als teuerstes Bauwerk Barcelonas, schon Anfang der 1920er-Jahre mussten die Fusters allerdings wieder ausziehen: Obwohl sie fast das ganze Gebäude vermieteten und nur ein einziges Geschoss selbst bewohnten, konnten sie die hohen Kosten nicht mehr länger tragen. Nach mehreren Besitzerwechseln und einer sorgfältigen Sanierung eröffnete im Jahr 2004 ein gleichnamiges Luxushotel in der Casa Fuster. Ihr authentisches Modernisme-Ambiente können Sie hier heute auch bei einem Drink im Café Vienés oder bei einem Abendessen im Restaurant Galaxó genießen. Wenden Sie der Casa Fuster nun Ihren Rücken zu, um auf dem Passeig de Gràcia wieder ein paar Schritte hinab, also stadteinwärts, zu gehen. Schnell gelangen Sie zur brei-

> ### Sternenkrieger
> Cineasten dürften die Schornsteine auf dem Dach der Casa Milà bekannt vorkommen: Angeblich inspirierten sie den US-Regisseur George Lucas – der aus ihrer bizarren Form die Uniform seiner Imperialen Sturmtruppen für die Star-Wars-Saga ableitete.

ten **Avinguda Diagonal**. Biegen Sie links in diese wichtige Schlagader des Eixample ein. Hinter der zweiten Kreuzung sehen Sie links einen mächtigen Backsteinbau, der eigentlich **Casa Terrades** heißt, wegen seiner sechs hohen, schmalen Türme aber meistens »Casa de les Punxes« (Haus der Spitzen) genannt wird. **Josep Puig**, Ihnen bereits als Architekt der Casa Amatller bekannt, errichtete das berühmte Gebäude zwischen 1903 und 1905. Die von ihm immer wieder verwendeten mittelalterlichen Stilelemente übertrieb er hier so stark, dass die Casa de les Punxes fast einer Burg ähnelt. Drehen Sie sich hinter dem Haus, an der

Gaudís letzter Profanbau, die Casa Milà (▶ S. 78) am Passeig de Gràcia, wurde als überdimensionierter Steinhaufen verspottet und deshalb »La Pedrera« getauft.

Unverwechselbares Denkmal im Stadtbild: Die 1882 begonnene Sagrada Família
(▶ S. 80) von Antoni Gaudí soll voraussichtlich 2026 fertiggestellt sein.

Kreuzung zum Carrer del Bruc, noch einmal um. Zwischen den beiden Türmen der Ihnen zugewandten Fassade prangt eine große, farbige Keramikplatte. Sie zeigt ein Bild des St. Jordi beim Kampf gegen den Drachen. »Schutzheiliger Kataloniens, gib uns unsere Freiheit zurück!«, lautet die Unterschrift in katalanischer Sprache. Bemerkenswert: Selbst während des Franco-Regimes, das sonst strikt gegen jede katalanische Autonomiebestrebung vorging, wurde dieses Kunstwerk nie entfernt.

Sakralbau der Superlative

Folgen Sie weiter der Avinguda Diagonal, um gleich an der nächsten Kreuzung halblinks in den **Carrer de Provença** einzubiegen. Nach der fünften Kreuzung eröffnet sich endlich der Blick auf das Ziel dieses Spaziergangs: Antoni Gaudís mit Abstand berühmtestes Werk, das Wahrzeichen Barcelonas, der noch immer unvollendete **Temple Expiatori de la Sagrada Família** 🔶 (Sühnekirche der Heiligen Familie)! Wie viele Türme sehen Sie? Von zwölf den Aposteln Jesu gewidmeten Spitzen wurden bereits acht gebaut, sie ragen 90 bis 112 m hoch in den Himmel über der Stadt. Außerdem sind sechs weitere Türme geplant, darunter ein 170 m hoher Hauptturm, der sogar den Kirchturm des Ulmer Münsters (weltweit gibt es bisher keinen höheren!) übertreffen wird.

Biegen Sie direkt vor der Kirche rechts in den **Carrer de Sardenya** ein. Sie stehen nun an der gen Südwest weisenden Passionsfassade, mit deren ebenso übersichtlicher wie geometrisch klarer Gestaltung Gaudí gar nichts mehr zu tun hatte. Dieser Gebäudeteil entstand erst ab 1952, also lange nach dem Tod des

Architekten, in dessen Nachlass man vergeblich detaillierte Pläne für die weitere Arbeit an der Sagrada Família suchte. Niemand weiß also wirklich, wie Gaudí sich seine Kirche vorgestellt hat. Eine Tatsache, die bis heute für Kontroversen sorgt: Immer wieder wurde gefordert, den Bau der Kirche einzustellen, u. a. von so einflussreichen Architekten wie Le Corbusier und Walter Gropius. Betrachten Sie die Skulpturen über und neben dem Eingang – gezeigt werden Szenen aus der Passion Christi, also aus der Ostergeschichte. Ihr Schöpfer, der renommierte Bildhauer **Josep Maria Subirachs i Sitjar** (geb. 1927), wohnte, wie übrigens auch Gaudí selbst, während der Arbeiten teilweise direkt in der Sagrada Família. Für die Passionsfassade wurde er allerdings stark kritisiert, 1990 fand sich sogar eine gegen ihn gerichtete Demonstration vor der Kirche zusammen.

Steine statt Worte

Wenden Sie sich (mit Blick auf die Passionsfassade) nach rechts, um die Kirche gegen den Uhrzeigersinn zu umrunden. Biegen Sie dafür direkt an der nächsten Kreuzung links in den **Carrer de Mallorca** ein. Sie passieren die dem Meer zugewandte Südostseite der Sagrada Família, an der seit 2002 ihre monumentale Hauptfassade entsteht. Diese Gloriafassade (oder auch Fassade der Herrlichkeit) ist dem Jüngsten Gericht und der Verheißung vom Reich Got-

tes gewidmet, für sie liegen immerhin einige grobe Skizzen von Gaudí vor. Ihren Vorbauten könnte künftig möglicherweise der gesamte rechts von Ihnen befindliche Häuserblock weichen!

An der nächsten Kreuzung gehen Sie gleich wieder links in den **Carrer de la Marina**. So gelangen Sie zur von Gaudí gestalteten Geburtsfassade. Eine »in Stein gehauene Predigt« wird die Sagrada Família oft genannt, nicht zuletzt wegen dieses Gebäudeteils, das die Weihnachtsgeschichte in unzähligen Figuren, Skulpturen und Details erzählt. Die Geburtsfassade feiert das Leben mit einer üppigen Metaphorik, ihre oft der Natur entlehnte Symbolik geht weit über das sonst in christlichen Kirchen Übliche hinaus. Als Symbole des Dauerhaften bilden Schildkröten die Füße zweier großer Säulen, als Symbole des Wandels finden sich zwei Chamäleons zu beiden Seiten der Fassade – Beispiele für einen Bilderreichtum, der wohl nie abschließend zu erfassen sein wird.

Und dabei haben Sie bisher noch nicht einmal das Innere der Sagrada Família gesehen! Ihre Besichtigung lohnt sich unbedingt, zumal der Preis für ein Ticket gut investiert ist: Alle Arbeiten an der Kirche werden ausschließlich aus Eintrittsgeldern und Spenden finanziert. So erklärt sich auch die lange Bauzeit des 1882 begonnenen Gotteshauses. Offiziell wird 2026, also pünktlich zum 100. Todestag des Architekten Antoni

Kritikwürdig

»Zum ersten Mal, seit ich in Barcelona war, sah ich mir die Kathedrale an – (...) eines der scheußlichsten Gebäude der Welt. (...) Ich glaube, die Anarchisten offenbaren ihren schlechten Geschmack, als sie sie nicht in die Luft sprengten, obwohl die Möglichkeit dazu bestand.« George Orwell, Mein Katalonien, 1938

Inzwischen dürfen auch am Hauptaltar Messen gelesen werden, denn die Sagrada Família (▶ S. 80) hat im November 2010 die offizielle Weihe als Gotteshaus erhalten.

Gaudí, mit seiner Fertigstellung gerechnet. Fachleute glauben aber, dass es möglicherweise erst in den 2030er-Jahren so weit sein könnte.

Der Eingang für Besucher, die nicht in größeren Gruppen reisen, befindet sich an der Passionsfassade. Gehen Sie also (mit dem Blick zur Geburtsfassade) nach rechts, um dann links in den Carrer de Provença und wieder links in den **Carrer de Sardenya** einzubiegen. Was genau Sie drinnen sehen können, hängt auch vom Stand der Bauarbeiten ab, manchmal werden Teile des Gebäudes für die Öffentlichkeit gesperrt. Beeindruckend gibt sich jedenfalls das bis zu 75 m hohe Gewölbe. Getragen

Wortlos

»Es gibt zwei Arten von Männern: Männer des Worts und Männer der Tat. (...) Ich gehöre zur zweiten Gruppe. Ich wäre nicht in der Lage, meine künstlerischen Konzepte zu erklären. (...) Ich hatte nie Zeit, darüber nachzudenken. Meine Zeit habe ich mit Arbeit verbracht.«
Antoni Gaudí, 1913

wird es von Säulen, die an Baumstämme erinnern und sich weiter oben zu einem Blätterdach verzweigen. Normalerweise ist auch mindestens einer der Türme zugänglich. In der Krypta des Gotteshauses werden die Visionen und Pläne von Gaudí mit Fotos, Modellen und Skizzen dokumentiert. Und dort, in der Krypta, befindet sich auch die letzte Ruhestätte des Architekten. Am 7. Juni 1926 wurde er von einer Straßenbahn angefahren, er starb drei Tage später. Ganz Barcelona war bestürzt, Tausende gaben ihm das letzte Geleit. Spätestens mit seinem Tod endete auch seine Epoche: Der Modernisme hatte sich längst überlebt.

SEHENSWERTES
Casa Battló ▸ S. 146, B 15
Eines der bekanntesten Gaudí-Häuser, mittlerweile zum Weltkulturerbe der UNESCO ernannt.
Pg. de Gràcia 43 • Metro: Pg. de Gràcia • Tel. 9 32 16 03 06 • www.casabattlo. es • tgl. in der Regel 9–21 Uhr, zeitweise nur bis 14 Uhr (s. Website) • Eintritt 20,35 €, erm. 16,30 €

Casa Milà ▸ S. 146, B 14
Oft als »Steinbruch« verspottetes Gaudí-Haus, der letzte und radikalste Profanbau des Architekten.
Pg. de Gràcia 92/C. de Provença 261–265 • Metro: Diagonal • Tel. 9 34 84 59 90 • www.lapedrera.com • März–Okt. tgl. 9–20, Nov.–Sept. tgl. 9–18.30 Uhr, 7.–13. Jan. und 25. Dez. geschl. • Eintritt 16,50 €, erm. 14,85 €

Temple Expiatori de la Sagrada Família 🔯 ▸ S. 147, E 15
Schon seit Jahrzehnten das Wahrzeichen der Stadt, nach ihrer Fertigstellung die größte Kirche der Welt.
C. de Mallorca 401 (Eingang für Einzelpersonen am C. de Sardenya) • Metro: Sagrada Família • Tel. 9 35 13 20 60 • www.sagradafamilia.cat • April–Sept. tgl. 9–20, Okt.–März tgl. 9–18 Uhr, 25., 26. Dez., 1., 6. Jan. 9–14 Uhr • 13 €, erm. 11 € (Zuschlag für die Türme). Um langes Anstehen zu vermeiden, empfiehlt sich der Kauf von Online-Tickets, die in verschiedenen Ausführungen erhältlich sind (mit oder ohne Führung, Besuch der Türme etc.).

ESSEN UND TRINKEN
Restaurant Galaxó ▸ S. 146, B 14
Exklusives Restaurant im luxuriösen Hotel Casa Fuster, avantgardistisch-mediterrane Küche.
Pg. de Gràcia 132 • Metro: Diagonal • Tel. 9 32 55 30 00 • www.hoteles center.es/caasfuster • tgl. 13.30–16 und 20–23.30 Uhr • €€€–€€€€

Casa Calvet ▸ S. 146, C 16
Kreativ-mediterrane Küche mit asiatischen Einflüssen im authentischen Ambiente eines Gaudí-Hauses.
C. de Casp 48 • Metro: Urquinaona • Tel. 9 34 12 40 12 • www.casacalvet.es • Mo-Sa 13–15.30 und 20.30–23 Uhr (Küchenzeiten), So und feiertags geschl. • €€–€€€

Café Vienès ▸ S. 146, B 14
»Wiener Kaffeehaus« in der modernistischen Casa Fuster, einst Treffpunkt der ganzen Stadt. Mit Jazzclub am Abend.
Pg. de Gràcia 132 • Metro: Diagonal • Tel. 9 32 55 30 00 • www.hoteles center.es/casafuster • So-Do 9–1, Fr, Sa 9–3 Uhr

Gràcia: das Dorf in der Stadt

Wenn die Menschen aus dem Viertel Gràcia runter ins Zentrum fahren, fahren sie »nach Barcelona«. Ihre innere Unabhängigkeit ist ihnen bis heute erhalten geblieben, auch wenn ihr einst selbstständiges Dorf offiziell schon Ende des 19. Jh. eingemeindet wurde. Doch noch immer gilt Gràcia als Synonym für einen anderen, alternativen Weltentwurf. Nirgendwo sonst gibt sich der Stadtteil so lebendig wie auf seinen kleinen Plätzen, spätestens am frühen Abend beginnt das Leben hier zu brodeln.

◄ Die hübsche Plaça de la Virreina (▶ S. 88) im Stadtteil Gràcia lädt zum Verweilen und zum Eisessen ein.

START Metro Diagonal
ENDE Metro Fontana
DAUER 1,5–2 Stunden

Aus der Metrostation Diagonal gelangen Sie direkt auf den **Passeig de Gràcia**. Der Spaziergang startet hier jenseits der Grenzen Gràcias: Sie befinden sich noch in Eixample, also jenem Stadtteil, der erst während des späten 19. und frühen 20. Jh. entstand. Mit ihm wuchs Barcelona bis an die Grenzen des damals unabhängigen Dorfs, das dann 1898 – gegen den Willen vieler seiner Einwohner – dem Stadtgebiet zugeschlagen wurde. Auf beiden Seiten der Nobelmeile, die Sie nun hinaufgehen, stehen prunkvolle Bürgerhäuser. Die Bauten sind Symbol des immensen Reichtums, den eine kleine Kaste Industrieller im Barcelona der vorletzten Jahrhundertwende angesammelt hatte – übrigens mit tatkräftiger Hilfe der Menschen aus Gràcia, die meist als einfache Arbeiter gegen Hungerlöhne in den Textilfabriken schuften mussten. Besonders auffällig zeigen sich Pracht und Protz der damaligen Bourgeoisie am Ende des Boulevards, wo das modernistische Gebäude der **Casa Fuster** (Nr. 132) mittlerweile zu einem Luxushotel umgebaut worden ist. Hinter der Casa Fuster wird der breite Passeig

Für ein freies Gràcia
Zur selbstständigen Gemeinde war Gràcia erst 1850 geworden, tatsächlich währte die immer wieder gepriesene Unabhängigkeit also nur ein knappes halbes Jahrhundert. Stimmen, die ein Ende der Zwangsehe mit Barcelona fordern, gibt es trotzdem nach wie vor – und das in nicht geringer Anzahl.

de Gràcia nun zum deutlich schmaleren **Carrer Gran de Gràcia**. Auch hier stehen großbürgerliche Villen aus dem frühen 20. Jh. – achten Sie vor allem auf die Häuser mit den Nummern 7, 11, 15 und 18. Doch allmählich wandelt sich das Straßenbild, biegen Sie schließlich rechts in den **Carrer de Goya**. Die enge Gasse (was für ein Kontrast zum opulenten Passeig de Gràcia!) führt jetzt direkt ins verwinkelte Herz des Viertels. Schon nach wenigen Schritten gelangen Sie auf die **Plaça de la Vila de Gràcia**, in deren Mitte sich ein 33 m hoher Glockenturm erhebt. Er wurde 1862 vom Architekten **Antoni Rovira i Trias** erbaut, gilt als eine Art inoffizielles Wahrzeichen des Stadtteils und … Stopp! Eigentlich geht es in Gràcia – also auch bei diesem Spaziergang – viel weniger um Gebäude oder andere Sehenswürdigkeiten, die sich einfach so besichtigen ließen.

Ein Unterschied wie Tag und Nacht

Nein, stattdessen geht es doch um dieses andere, eigenwillige, leichte Lebensgefühl, das sich auf den kleinen Plätzen des Viertels zeigt. Spätestens am frühen Abend strömen die Menschen nach draußen. Überall gehen, stehen und sitzen sie, auf den ganzjährig geöffneten Außenterrassen der vielen Bars, Cafés und Restaurants flitzen die Kellner von einem Tisch zum nächsten, ein Geräuschteppich aus Straßenmusik und Stimmengewirr wabert über die gesamte **Plaça de la Vila de Gràcia**. Tagsüber gibt sich der Platz dagegen eher unscheinbar, fast schon verlassen. Während der Siesta, also bis in die späten Nachmittagsstunden, bleiben die meisten Geschäfte geschlossen. Statt Schaufenstern zeigen sie den Passanten oft nur heruntergelassene Rollläden. Ein Anblick, der zwar zunächst ziemlich abweisend wirken mag. Doch tatsächlich spiegelt sich da nur der normale spanische Tagesrhythmus wider – anders als die stets pulsierenden (hier würde man wohl sagen: hyperventilierenden) Altstadtviertel unten in Barcelona ist Gràcia bisher weitgehend vom Massentourismus verschont geblieben. Sicher, auf der Plaça de la Vila de Gràcia hören Sie neben Katalanisch und Spanisch auch immer wieder Englisch, Deutsch, Italienisch, Portugiesisch, Russisch oder Rumänisch. Doch viele der – meist jüngeren – Ausländer sind nicht als Touristen gekommen, sondern als Sprachschüler oder Studenten, als Künstler oder Kreative, als Bohemiens oder Existenzgründer: Neben dem quirligen El Raval gilt Gràcia als bevorzugte Wohngegend für diese sogenannte Expat-Community.

Gràcias Gitanos

Doch von welchem Gràcia sprechen wir hier eigentlich? Der gleichnamige Verwaltungsbezirk ist groß, er erstreckt sich bis hinauf zu den Ausläufern des Mittelgebirges Collserola, wird von mehr als 120 000 Menschen bewohnt. Wer sagt, er gehe abends in Gràcia aus, meint aber meistens jenes viel kleinere Gebiet, durch das auch dieser Spaziergang verläuft: **Vila de Gràcia**, die historische Keimzelle des einst unabhängigen Viertels. Am besten lernen Sie die Gegend bei einem Streifzug durch ihre Gassen und Straßen kennen! Überqueren Sie dafür zunächst den Platz. Direkt vor dem kleinen, feinen, nicht ganz günstigen Restaurant Amélie (Plaça de la Vila de Gràcia 11) gehen Sie rechts in den Carrer del Penedès, weiter geradeaus in den Carrer de Puigmartí, dann wieder rechts in den Carrer de la Mare de Déu dels Desemparats (der schon an der nächsten Kreuzung zum Carrer de la Fraternitat wird) und schließlich links in den **Carrer de la Tordera**.

Links dieses Gässchens öffnet sich eine weitere, eher bescheidene, unauffällige Platzanlage. Hier, an der **Plaça del Raspall**, lebt seit Jahrhunderten die Gitano-Gemeinde des Viertels. In Andalusien hatten die Gitanos, Angehörige des weitverzweigten Volks der Roma, den Flamenco geprägt. In Gràcia mischten sie ihn seit den 1950er-Jahren mit afrokubanischen Rumba- und afroamerikanischen Rock'n'Roll-Rhythmen. Rumba Catalana nannte sich der so entstandene, explosive Mix, die aus dem Stadtteil stammende, 1994 gegründete Gruppe Sabór de Gràcia (wörtlich

---

Ausnahmezustand

Wer das Viertel von seiner ursprünglichen Seite erleben möchte, sollte im August kommen: Mitte des Monats feiert es sein spektakuläres Stadtteilfest, die Festa Major de Gràcia. Archaische Bräuche, folkloristische Figuren und prächtiger Straßenschmuck verwandeln Gràcia in ein wahres Märchenland.

übersetzt: Gràcias Geschmack) spielt ihn noch heute.

Das lange Warten auf die Eiszeit

Folgen Sie weiter dem Carrer de la Tordera. An der nächsten Kreuzung biegen Sie links in den Carrer de Milà i Fontanals, dann wieder links in die **Travessera de Gràcia** – neben dem Carrer Gran de Gràcia die zweite Hauptstraße des Viertels. Auf der linken Straßenseite passieren Sie die bereits 1892 erbaute Markthalle des **Mercat Municipal de l'Abacería** – täglich außer sonntags versorgt sich halb Gràcia dort mit frischem Fisch, Fleisch, Gemüse und Obst. Hinter der Halle biegen Sie rechts in den Carrer de la Mare de Déu dels Desemparats, der schon nach wenigen

Schritten in die **Plaça de la Revolució de Setembre de 1868** mündet. Vielleicht wundern Sie sich, warum Ihnen plötzlich so viele Menschen mit Eiswaffeln in den Händen begegnen? Die Gelateria Italiana (Nr. 2) gilt als möglicherweise beste Eisdiele Barcelonas! Wartezeiten von mehr als einer halben Stunde sind deshalb leider keine Seltenheit. Doch das Warten lohnt, die vor Ort frisch und nur aus natürlichen Zutaten hergestellten Eissorten sind wirklich köstlich. Und glücklicherweise müssen Sie auch nicht endlos Schlange stehen: Man zieht einfach eine Nummer, sieht auf einer grellen Anzeigetafel, wie viele Kunden noch vor einem dran sind – und nutzt die verbleibende Zeit erstmal für einen weiteren Bummel durch Gràcia.

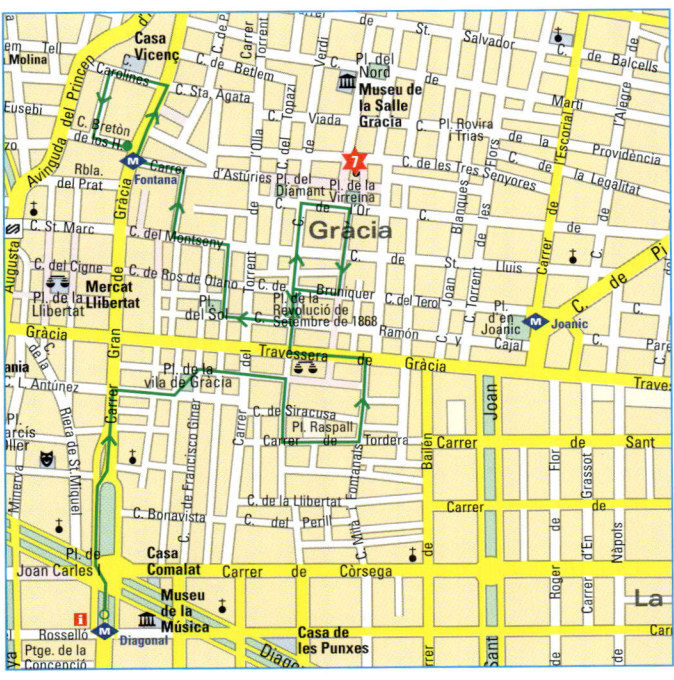

Kino für Kenner

Überqueren Sie also die Plaça de la Revolució de Setembre de 1868, um so in den **Carrer de Verdi** zu gelangen. Das hübsche Sträßchen wird von Restaurants gesäumt, für ein mediterranes Abendessen der etwas anderen Art empfiehlt sich beispielsweise das arabisch-palästinensische Lokal Askadinya (Nr. 28). Auch das Programmkino Verdi, ein Zentrum der katalanischen Filmszene, (Nr. 32), hat hier seinen Sitz: Bei Veranstaltungen diskutieren teilweise weltbekannte Regisseure und Schauspieler mit dem Publikum, alle Filme werden übrigens in ihrer Originalsprache gezeigt. An der nächsten Kreuzung biegen Sie rechts in den Carrer de l'Or – und gelangen nach wenigen Schritten zur links der Straße liegenden **Plaça de la Virreina** ⚡: Dieses Plätzchen zählt zu den schönsten des Stadtteils. Ein paar Bäume spenden Schatten, man kann sich auf die Stufen der zwischen 1878 und 1884 erbauten Kirche **Sant Joan de Gràcia** setzen, sonntags verkaufen Markthändler hier Ramsch, Kunst und Kitsch.

Viva la Revolución!

Wenden Sie der Plaça de la Virreina nun Ihren Rücken zu, um gleich geradeaus den **Carrer de Torrijos** hinab zu gehen. Mit dem Verdi Park (Nr. 49) entdecken Sie einen Ableger des Programmkinos Verdi, mit der Cantina Machita (Nr. 47) außerdem ein hervorragendes mexikanisches Restaurant. Nehmen Sie schließlich rechts den **Carrer de Terol**. Er führt zurück zur **Plaça de la Revolució de Setembre de 1868**, hoffentlich können Sie nun endlich Ihr Eis abholen. Überqueren Sie wieder den Platz, am

besten mit gesenktem Blick. Denn in den Bodenbelag wurden einzelne Buchstaben eingelassen, zusammen ergeben sie ein katalanisches Wort: revolució! Dem Namen der Plaça nach geht es zwar nur um die lange zurückliegende **Septemberrevolution** von 1868 (ein entscheidendes Ereignis der spanischen Geschichte – Königin **Isabella II.** wurde abgesetzt, fünf Jahre später folgte die Ausrufung der Ersten Republik). Doch ein revolutionärer Geist wehte und weht immer wieder durch Gràcia. So galt das Viertel während der Franco-Diktatur als geistige Heimat oppositioneller Intellektueller, Künstler und Studenten. Und bis heute ist es die Hochburg einer noch immer sehr aktiven Hausbesetzerszene.

Unterhalb der Plaça de la Revolució (wie man ihren Namen, vielleicht nicht nur der Bequemlichkeit halber, im alltäglichen Sprachgebrauch meistens abkürzt) biegen Sie rechts in den **Carrer de Ramón y Cajal**. Sie passieren das auf katalanische Küche spezialisierte Restaurant La Llavor dels Origens (Nr. 12) und gelangen bald zur beliebt-belebten **Plaça del Sol**. Ein buntes Szenepublikum bevölkert diesen Platz, den größten ganz Gràcias. Hier werden die Abende schon mal laut, die Nächte regelmäßig lang. Als besonders angesagt gelten die Bars Sol de Nit (Nr. 10) und Café del Sol (Nr. 16).

Freies Viertel, freies Theater

Gehen Sie an der Plaça del Sol nach rechts in den Carrer de la Virtut. Mit nur wenigen Schritten kommen Sie zum **Carrer del Montseny** – und finden direkt an der Kreuzung einen weiteren dieser für Gràcia so sym-

bolträchtigen Orte. 1976, die Diktatur war gerade erst gefallen, mieteten sich einige engagierte Theaterleute hier in einem alten Fabrikgebäude ein (Nr. 47). Sie renovierten die Räumlichkeiten und gründeten, was es seit Jahrzehnten nicht mehr gegeben hatte, nicht hatte geben dürfen: ein Freies Theater.
Ihr **Teatre Lliure** organisierten sie als Kooperative, es inszenierte in der bisher für öffentliche Vorführungen verbotenen katalanischen Sprache, gewann schnell an Bedeutung. Heute gehört es nicht nur zu den wichtigsten katalanischen Schauspielhäusern, sondern ist darüber hinaus zu einem geschätzten Akteur innerhalb der europäischen Theaterszene geworden. Längst fließen öffentliche Fördergelder für dieses einst aus dem Untergrund entstandene Projekt, doch die Gratwanderung gelingt: Das Lliure ist etabliert und alternativ zugleich. 2001 eröffnete es eine neue, größere Spielstätte am Montjuïc, 2003 wurde dann das ehemalige Fabrikgebäude in Gràcia geschlossen, anschließend sorgfältig saniert. Erst im Jahr 2010 ist das Lliure in sein Viertel zurückgekehrt. Man muss übrigens kein Katalanisch können, um eine der Vorstellungen zu besuchen, neben Schauspiel wird Tanz und Musik geboten. Biegen Sie links in den Carrer del Montseny und gleich rechts wieder in die **Travessia de Sant Antoni**. Nur

> **Sonnige Stunden**
> Berühmt ist die Plaça del Sol (Platz der Sonne) auch für ihre große Sonnenuhr: Eine bronzene Skulptur zeigt die Stunden von 6 bis 18 Uhr an, üppig ornamentiert wird sie von allegorischen Darstellungen der zwölf Tierkreiszeichen.

Während der Septemberrevolution (▸ S. 88) in Barcelona 1868 diente das Café de las Ramblas den Anhängern der Demokratischen Partei als Versammlungsort.

Vom arabischen Mudéjar-Stil beeinflusst zeigt sich die Casa Vicens (▸ S. 90), ein Frühwerk von Antoni Gaudí, das heute ebenfalls zum Welterbe der UNESCO zählt.

wenige Schritte vom Lliure hat noch eine weitere wichtige Kulturinstitution ihren Sitz. Seit 1993 fördert das **Centre Artesà Tradicionarius** (Nr. 6–8) die folkloristischen Musikstile Kataloniens mit Konzerten und Festivals, Workshops und Märkten, auf denen traditionelle Instrumente gehandelt werden. Auch die Musik der Gitanos von Gràcia, der Rumba Catalana, steht übrigens regelmäßig auf dem Programm. Folgen Sie der Travessia de Sant Antoni. An ihrem Ende biegen Sie links in den **Carrer d'Astúries** ein und gelangen so zur Metrostation Fontana. Der Spaziergang durch das verwinkelte Herz von Gràcia endet

> **Turmbau zu Gràcia**
>
> Folklore wird in Gràcia sorgfältig gepflegt, z. B. von der örtlichen Castellers-Gemeinschaft: Sie übt die spektakuläre Kunst, bis zu acht Stockwerke hohe Menschentürme aufzubauen. Ihr Können demonstrieren die Castellers u. a. bei Wettbewerben und bei der Festa Major de Gràcia.

hier. Wer abschließend doch noch eine der klassischen Sehenswürdigkeiten des Stadtteils sehen will, geht an der Metrostation rechts auf den **Carrer Gran de Gràcia** und dann links in den **Carrer de les Carolines**. Auf der rechten Straßenseite sehen Sie die **Casa Vicens** – diese prachtvolle, zwischen 1883 und 1888 erbaute Villa gehört zum Frühwerk von **Antoni Gaudí**. Mit ihren starken maurischen Einflüssen – fast erinnert ihre Fassade an einen orientalischen Märchenpalast – hebt sie sich deutlich von den meisten anderen Bauten des berühmten Architekten ab. Die tropfsteinartigen Gewölbe der Innenräume lassen sich leider nicht bewundern, das Haus befindet sich in Privatbesitz. Seit 2005 zählt die Casa Vicens zusammen mit anderen Gaudí-Werken zum Welterbe der UNESCO. Um schließlich zurück zur Metrostation Fontana zu gelangen, biegen Sie am Gebäude links in den **Carrer d'Aulèstia i Pijoan** und dann wieder links in den Carrer de Bretón de los Herreros.

SEHENSWERTES

Centre Artesà Tradicionarius ▸ S. 146, A 16

Dass es bei Folklore um viel mehr als die ewige Wiederholung des Immergleichen geht, beweist dieses Kulturzentrum u.a. mit Konzerten und Festivals, Workshops und folkloristischen Märkten.
Travessia de Sant Antoni 6–8 • Metro: Fontana • Tel. 9 34 15 55 81 • www.tradicionarius.com

Cine Verdi/Verdi Park ▸ S. 146, C 13

Programmkino, das viele sehenswerte Filme in ihrer Originalsprache zeigt.
C. de Verdi 32 (Verdi), C. de Torrijos 49 (Verdi Park) • Metro: Fontana • Tel. 9 32 38 79 90 • www.cines-verdi.com

Teatre Lliure ▸ S. 146, C 13

Das alternativ-etablierte Theater inszeniert klassische und zeitgenössische Stücke aus Schauspiel, Tanz und Musik.
C. del Montseny 47 (in Gràcia, weitere Spielstätte am Montjuïc) • Metro: Fontana • Tel. 9 32 28 97 47 • www.teatrelliure.com

ESSEN & TRINKEN

Askadinya ▸ S. 146, C 13

Orientalische Spezialitäten – eine köstliche Abwechslung zu den verschiedenen spanischen Varianten der Mittelmeerküche.
C. de Verdi 28 • Metro: Fontana • Tel. 9 33 68 50 77 • www.askadinya.es • Mo–So 12–2 Uhr • €–€€

La Llavor dels Orígens ▸ S. 146, C 13

Dieses Lokal hat sich ganz der katalanischen Küche verschrieben. Die meisten Zutaten kann man auch im angeschlossenen Shop kaufen, die nötigen Rezepte liefert ein selbst herausgegebenes Magazin.
C. de Ramón i Cajal 12 (in Gràcia, weitere Lokale in anderen Stadtteilen) • Metro: Fontana • Tel. 9 32 95 66 90 • www.lallavordelsorigens.com • Mo–Fr 12.30–0.30 Uhr • €–€€

Gelateria Italiana ▸ S. 146, C 13

Das Warten lohnt sich – die vielleicht beste Eisdiele der Stadt.
Pl. de la Revolució de Setembre de 1868 2 • Metro: Fontana • Mi–So, feiertags 17–1.30 Uhr

Szeneviertel mit Geschichte

El Born gilt als wohl coolste Gegend der Stadt, obwohl sich das vibrierende Viertel nicht mehr so roh und ungeschliffen gibt wie andere Szenebezirke, sondern schon deutlich schicker: Von angesagten Bars, Boutiquen und Restaurants sind viele Gassen regelrecht gesäumt. Gleichzeitig prägen auch hochkarätige Museen, mittelalterliche Prachtbauten und geschichtsträchtige Schauplätze das Gebiet, nebenan erstreckt sich noch der großzügige Parc de la Ciutadella – ein Stadtteil für (fast) jeden Geschmack.

◀ Bei den Pintxos (▶ S. 93), einer baskischen Variante der Tapas, bedient sich der Gast an der Theke selbst.

START Metro Jaume I
ENDE Metro Arc de Triomf
DAUER 1–1,5 Stunden

Aus der Metrostation Jaume I gelangen Sie zunächst auf die **Via Laietana**, diese stark befahrene Hauptverkehrsstraße zieht die Grenze zwischen den Altstadtvierteln Barri Gòtic und El Born. Gehen Sie in den (mit Blick zum Meer halblinks) abzweigenden **Carrer de l'Argenteria**. An die glänzende Vergangenheit der Gasse erinnert heute zwar nur noch ihr Name: Früher arbeiteten hier die Silberschmiede der Stadt. Doch schon nach ein paar Schritten sind Sie – auch atmosphärisch – in El Born angekommen. Mittlerweile wird der Carrer de l'Argenteria zu beiden Seiten von beliebten Läden und Lokalen flankiert. Etwa von El Rovell (Nr. 6), einer Bar, die vor allem **Pintxos** bietet. Bei dieser typisch baskischen Tapas-Variation werden kleine Köstlichkeiten, z. B. Schinken, Käse oder Krustentiere, mit einer Scheibe Weißbrot an langen Holzstäbchen aufgespießt. Die Pintxos werden dann üblicherweise nicht serviert, sondern einfach in größerer Stückzahl an der Theke arrangiert. Der Gast bedient sich selbst und sammelt eifrig Spieße – mit ihrer Hilfe kann der Kellner später ermitteln, was Sie zahlen müssen.

> **Verwechselungsgefahr**
> Historisch korrekt heißt der Stadtteil, durch den Sie gerade flanieren, La Ribera. Inzwischen ist dieser Name allerdings etwas aus der Mode gekommen. Mit El Born meint man genau genommen nur einen Teil von La Ribera – eine feine Unterscheidung, der sich allerdings immer weniger Menschen bewusst sind.

Viertel für Feinschmecker

Ebenso köstliche, allerdings doch wieder ganz andere Tapas kredenzt schräg gegenüber die Taller de Tapas (Nr. 51). Zwar lässt der Name dieses Restaurants – übersetzt: Tapas-Werkstatt – eher auf grundehrliches Handwerk schließen, tatsächlich beherrscht die Küche aber auch etwas raffiniertere Gerichte. Vorzüglich ist z. B. das gebratene Pyrenäen-Lamm mit Thymian und Rosmarin, als Nachtisch empfehlen sich die hausgemachten Trüffel mit Brandy, Cava oder Whisky. Ein Abstecher in die Tapas-Werkstatt lohnt übrigens auch wegen ihres stimmungsvollen Inneren. Das grobe, unverputzte Mauerwerk des Gebäudes stammt aus dem 16. Jh., einst lebten hier die Mitglieder eines Nonnenklosters. Gehen Sie weiter auf dem **Carrer de l'Argenteria**. Im Hintergrund, am Ausgang der schmalen Straße, erkennen Sie schon einen ersten Turm der mächtigen Kirche **Santa Maria del Mar**. Folgen Sie aber zunächst diesem herrlich-herben Aroma, das Ihnen gerade in die Nase kriecht – es weht aus dem Gebäude der alteingesessenen Kaffeerösterei El Magnífico (Nr. 64) durch die gesamte Gasse. Besitzer und Meisterröster **Salvador Sans** beeindruckt hier nicht nur durch sein erlesenes Sortiment, sondern auch durch sein unvergleichliches Wissen. Er betreibt den 1919 gegründeten Familienbetrieb bereits in dritter Generation, persönlich trifft man ihn allerdings eher selten an: Regelmäßig bereist Sans die Plantagen, deren Bohnen er kauft, teilweise stammen seine Kaffees aus so ungewöhnlichen Herkunftsregionen wie Hawaii oder Papua Neuguinea.

Kleiner Bezirk, großes Angebot

Vielleicht verspüren Sie mittlerweile diese entschleunigende Wirkung, die den Stadtteil auszeichnet. Er ist klein, winzig, kaum größer als ein paar Fußballfelder. Entsprechend kurz ist auch dieser Spaziergang, obwohl er sogar durch Gebiete jenseits der Grenzen von El Born führt. Weshalb erscheint dann jeder Weg im Viertel plötzlich so lang? Wieso dauert es immer viel länger als geplant, um endlich doch ans Ziel zu kommen? Weil es immer etwas zu entdecken gibt! Fast vor jedem Haus will man stehen bleiben, überall könnte man schauen, schnuppern, schmecken, shoppen – gefühlt wirkt die Szenegegend deshalb viel größer, als der Blick auf die Karte zunächst vermuten lässt.

Gehen Sie nun bis zur **Plaça de Santa Maria**, dem Vorplatz der eindrucksvollen Kirche gleichen Namens. **Santa Maria del Mar** (also hl. Maria am Meer) wurde als eines von ganz wenigen größeren Gebäuden der Stadt konsequent im katalanisch-gotischen Stil gebaut. Mit der Grundsteinlegung für den Sakralbau wollte man 1323 auch der Eroberung Sardiniens durch Katalonien gedenken, schon

1383 konnte die Kirche dann fertiggestellt werden – eine für damalige Verhältnisse erstaunlich kurze Zeitspanne. Andere Gotteshäuser des Mittelalters entstanden oft im Verlauf mehrerer Jahrhunderte, Baumeister aus vielen aufeinander folgenden Generationen sorgten dadurch häufig für einen wahren Stilmix.

Kirche fürs Volk

Dagegen zeigt Santa Maria del Mar einen hohen Grad stilistischer Reinheit. Charakteristisch für die in Katalonien entstandene Ausprägung der mittelalterlichen Gotik sind zum Beispiel ihre achteckigen Türme. Die Westfassade, vor der Sie gerade stehen, gibt sich vergleichsweise streng und nüchtern. Glatte Wände, weitgehend frei von Aussparungen und Verzierungen, nur der gotisch geschwungene Türbogen und die riesige Fensterrose sind dagegen reich ornamentiert: Auch hier erkennen Sie klassische Merkmale der Epoche. Beachten Sie außerdem die Dekoration der Pforte. Von ihren mächtigen Türen prangen die Figuren zweier gebeugter Männer, die schwere Lasten auf ihren Köpfen und Schultern tragen. Diese bronzenen Plaketten würdigen den Einsatz der sogenannten »bastaixos«: Lastenträger, die einen ganz entscheidenden – und freiwilligen – Beitrag zum Bau leisteten. Sie schleppten das Baumaterial, meist wuchtige Steine, heran. Auch die Angehörigen vieler anderer Gilden brachten Arbeits-

---

Buch zum Bauwerk

Arnau ist nicht nur ein Lastenträger (Bastaixo) für die Baumeister der riesigen Kirche Santa Maria del Mar – sondern auch der Held des historischen Romans »Die Kathedrale des Meeres« von Ildefonso Falcones. Mit Hintergrundinformationen über das Gotteshaus ist dieser Bestseller regelrecht gespickt.

kraft und Wissen ein. Santa Maria del Mar sollte kein Renommierbau der Obrigkeit, sondern ein Gotteshaus vom Volk und fürs Volk werden. Tatsächlich hat sie ihre Rolle als eine Art Volkskirche bis heute behalten, viele Barcelonesen fühlen sich ihr viel stärker verbunden als z.B. der Kathedrale im nahen Barri Gòtic.

Innere Werte

Ihre Nähe zur einfachen Bevölkerung beweist sie übrigens auch im wortwörtlichen Sinne: Sie steht nicht etwa, wie die meisten anderen Kirchen von vergleichbaren Ausmaßen, scheinbar unantastbar auf einem weiten Platz, sondern mitten im beengten Gassengewirr, wahrt dabei kaum Abstand zu den benachbarten Häusern. Einen Ort, an dem man das Gebäude in seiner ganzen Größe auf sich wirken lassen könnte, gibt es deshalb nicht. Betreten Sie **Santa Maria del Mar** durch das Portal an der Westfassade, ein erstaunlich großzügiges Inneres eröffnet sich Ihnen jetzt. Der riesige Raum wirkt fast kahl: Nur vier achteckige Säulen stützen sein Gewölbe, das sich über die stolze Breite von 13 m spannt – eine in Anbetracht des damaligen Stands der Architektur sehr beachtliche Distanz. Auch sonst wirkt der Innenraum fast nackt, weite Teile seiner Einrichtung (etwa der Altar und das Chorgestühl) wurden 1936 zu Beginn des Spanischen Bürgerkriegs bei antiklerikalen Ausschreitungen zerstört.

Doch gerade diese Leere und Weite macht heute den besonderen Charme des beeindruckenden Bauwerks aus. Seine draußen nur schwer erfassbare Größe spielt es drinnen aus, die Wirkung des durch die hohen Fenster einfallenden Lichts kann (vor allem nachmittags) eine ganz eigene Wirkung erzielen. Auch die Akustik der Kirche ist übrigens hervorragend. Wenn Ihnen die Gelegenheit geboten wird, sollten Sie hier unbedingt ein klassisches Konzert besuchen!

Verlassen Sie Santa Maria del Mar durch die großen Türen an der West-

Auf dem Fossar de les Moreres (▶ S. 96) erinnert eine Gedenktafel mit einem Gedicht an die katalanischen Soldaten, die im Spanischen Erbfolgekrieg ihr Leben ließen.

fassade. Zurück auf der **Plaça de Santa Maria** entdecken Sie – direkt geradeaus, aber halb versteckt am Eingang einer Nebengasse – das Schaufenster der Pastelería bubó (Carrer de les Caputxes 10). Der Laden gibt sich weniger als Süßwarengeschäft, eher schon als schicke Boutique. Raffinierte Pralinés werden wie Designerstücke inszeniert, Gründer **Carles Mampel** gehört zu den besten Pâtissiers seines Landes. Nebenan serviert seine schicke bubó Bar (Carrer de les Caputxes 6) auch herzhaftere Appetithappen und alkoholische Getränke.

Kehren Sie wieder auf den Vorplatz der Kirche zurück. An ihrer Längsseite folgen Sie nun dem **Carrer de Santa Maria**. Rechts dieser Straße eröffnet sich gleich ein kleiner Platz, der **Fossar de les Moreres**. Unter der Anlage befinden sich die Gräber von Menschen, die Barcelona 1714 im Spanischen Erbfolgekrieg gegen die Truppen des Bourbonenkönigs **Felipe V.** verteidigen wollten. Ein ewiges Feuer erinnert an ihr Opfer – sowie an den Fall der Stadt, die anschließend auch die letzten Reste von Selbstverwaltung verlor. Am 11. September, dem Jahrestag der vernichtenden Niederlage, begeht Katalonien regelmäßig seinen Nationalfeiertag, u. a. mit Gedenkveranstaltungen auf dem Fossar de les Moreres.

Szeniger Turnierplatz

Folgen Sie weiter dem **Carrer de Santa Maria**, um so auf den **Passeig del Born** zu gelangen. Im Mittelalter war er ein Austragungsort spektakulärer Tjoste, also ritterlicher Wettkämpfe hoch zu Ross. Heute ist die kopfsteingepflasterte Promenade zu einer Art inoffiziellem Hauptplatz des Viertels geworden. Von Bars, Bistros und Boutiquen wird sie re-

Historische Darstellung aus dem Spanischen Erbfolgekrieg, wie bei der Belagerung einer Stadt der Gegner am Ausbruch gehindert wird. Kupferstich von M. Engelbrecht.

gelrecht gesäumt. Allein schon wegen seines hübschen Namens möchte man im Miramelindo (frei, aber recht treffend übersetzt etwa: »Wirf mir zarte Blicke zu«, Nr. 15) einkehren, junges Szenevolk schlürft hier kühle Cocktails. Ein Klassiker ist das bereits 1957 gegründete Pitin (Nr. 34), daneben gibt es noch eine ganze Reihe empfehlenswerter Kneipen. Viele Leute setzen oder stellen sich aber abends auch einfach mit einer Bierflasche in der Hand auf den **Passeig del Born**. Wer Hunger hat, geht zwischendurch zu Creps al Born (Nr. 12) oder Sandwich & Friends (Nr. 27), dort hängt ein riesiges Bild des bekannten Illustrators und Modedesigners **Jordi Labanda,** der regelmäßig für die großen Modemagazine zeichnet, an der Wand.

Am hinteren Ausgang des Passeig del Born sehen Sie den **Antic Mercat del Born**. 1873 wurde diese eindrucks-

volle modernistische Halle erbaut, anschließend zunächst als Stadtteil- und dann als Großmarkt genutzt.

Ruinöse Sanierung

Seit 2002 wird sie nun restauriert, ihre Sanierung dauert schon viel länger als ursprünglich geplant: Bauarbeiter stießen auf Ruinen von Gebäuden, die nach der Niederlage Barcelonas im Spanischen Erbfolgekrieg zerstört worden waren. Ende 2013 soll die Halle endlich wieder eröffnet werden. Allerdings nicht mehr als Markt (stattdessen erreicht man den vor wenigen Jahren ebenfalls sanierten Mercat de Santa Caterina von hier aus in nur wenigen Minuten), sondern als Kulturzentrum. Ein Museum arbeitet dann auch die traumatischen Ereignisse des Jahres 1714 auf, die vor Ort gesicherten archäologischen Funde lassen sich bald ebenfalls besichtigen.

Kurz vor dem Ende des Passeig del Born biegen Sie nun rechts in den **Carrer del Rec** – eine charmante kleine Straße, auf deren rechter Seite ein hübscher Kolonnadengang verläuft. Mit dem Salero (Nr. 60) passieren Sie ein gefragtes Szenerestaurant. Gekocht wird mediterran-orientalisch, für sein fast ganz in Weiß gehaltenes Design hat das Lokal eine Vielzahl von Preisen erhalten. Schließlich stößt der Carrer del Rec auf die breite **Avinguda del Marquès de l'Argentera**, folgen Sie ihr nach links. Abermals links führen dann der Carrer del Comerç und geradeaus weiter die Plaça Comercial nach links erneut auf den **Passeig del Born**.

> ### Meerblick
> Dort, wo El Born heute von der Avinguda del Marqués de l'Argentera begrenzt wird, bekam man früher fast schon nasse Füße: Das Viertel lag ursprünglich direkt am Meer. Durch die Befestigung des Hafens von Barcelona wurde dann ab Ende des 15. Jh. allmählich weiteres Land gewonnen.

Weltberühmter Kunstgenuss

Gehen Sie diese Promenade nun wieder hinab. Vielleicht nutzen Sie noch die Gelegenheit, sich im kleinen Supermarkt De Tot al Born (Passeig del Born Nr. 17) mit Brot, Käse, Obst und Wein zu versorgen – so wie viele Barcelonesen, die anschließend im nahen **Parc de la Ciutadella** ein sonniges Plätzchen für ihr Picknick finden. Allerdings führt der Spaziergang noch nicht auf direktem Weg in diesen großen Stadtpark, zunächst gehen Sie rechts in den **Carrer de Montcada**. Gut möglich, dass Sie sich in dieser engen Gasse gleich Ihren Weg durch eine dichte Menschenmenge bahnen müssen. Oft bilden sich lange

Schlangen vor dem **Museu Picasso** (Nr. 15–23). Zu Recht, der Besuch lohnt sich wirklich.

Pablo Ruiz Picasso, einer der einflussreichsten Künstler des 20. Jh., lebte als junger Mann mehrere Jahre lang in Barcelona. Das ihm in El Born gewidmete Museum erstreckt sich über gleich fünf mittelalterliche Stadtpaläste. Kern der Ausstellung ist die Sammlung von **Jaume Sabartés** – der langjährige Sekretär und Freund des Künstlers hatte der Stadt schon 1960 viele Werke geschenkt. 1970, das Museum war bereits geöffnet, steuerte der Künstler selbst weitere 1700 Arbeiten bei. Mit einer Auswahl aus mittlerweile 3500 Stücken illustriert das Haus heute Picassos künstlerische Entwicklung. Darin liegt das große Verdienst dieses Museums: Seine Dauerausstellung folgt konsequent einer chronologischen Ordnung.

Entwicklungsschübe

Sie zeigt die ersten Schritte des Künstlers, der anfangs sehr realistisch zeichnete, dabei den klassischen Kunststilen nacheiferte. Vor allem Landschaften und Portraits malte Picasso, dessen Hang zum Abstrakten zunächst nur ab und zu vorsichtig durchschimmert, dann immer mehr die Oberhand gewinnt. In den hinteren Sälen erkennen Sie den weiteren Reifeprozess des Künstlers – von seiner Blauen über die Rosa Periode bis zum Kubismus und der freien Kunst seiner letzten

Jahre. Fast exzessiv erforschte er solche Ausdrucksformen, um sich später wieder ebenso extrem von ihnen abzuwenden.

Besonders eindrucksvoll ist die den Meninas (Hoffräulein) gewidmete Abteilung. Von einem gleichnamigen Bild, das der spanische Künstler Diego Velázquez schon im Jahr 1656 gemalt hatte, war Picasso so fasziniert, dass er es eingehend studierte – und dann insgesamt 58 eigene Variationen davon vorlegte. Seine Versionen der Meninas zeigen meist nur Ausschnitte aus der ursprünglichen Arbeit. Sie sind oft so abstrakt gehalten, dass die Verbindung zum Original auf den ersten Blick kaum erkennbar ist. Das Museu Picasso zeigt sämtliche Meninas, vor allem in der Gegenüberstellung zu Velázquez erhalten Sie einen faszinierenden Einblick in die Arbeits- und Denkweise des berühmten Malers.

Süße Träume

Folgen Sie weiter dem **Carrer de Montcada**, den übrigens auch einige kommerzielle Kunstgalerien als Sitz auserwählt haben. Originale und Reproduktionen zeitgenössischer Kunst bietet beispielsweise die **Galería Montcada** (Nr. 20). Am Ende der Straße erreichen Sie den Carrer de la Princesa. Ein kurzer Abstecher nach links führt Sie zu einer der ersten Filialen von Xocoa (Nr. 10) – die beiden Brüder **Marc** und **Miquel Escursell**, Sprosse aus einer alteingesessenen Chocolatiers-Familie, brechen radikal mit der Tradition ihrer Vorfahren. Ja, doch, das Aroma stimmt: Drinnen liegt ein aromatisch-betörender Duft in der Luft! Ansonsten sieht der Laden aber kaum noch nach einer Chocolaterie aus, sondern viel mehr nach einer hippen Boutique. Die Verpackungen der Tafeln sind konsequent und kun-

Der Schwerpunkt des Museu Picasso (▶ S. 98) liegt auf dem zeichnerischen Frühwerk des Künstlers, es sind aber auch Bilder aus späteren Schaffensperioden zu sehen.

terbunt durchdesignt worden, der Schokolade wurden Aromen von Ingwer, Pfeffer oder Tee beigemischt. Zugegeben, dieser Trend, Süßes mit ungewöhnlichen Gewürzen zu veredeln, mag inzwischen ganz Europa ergriffen haben. Doch hier, in Barcelona, liegt einer seiner Geburtsstätten, und die Boutiquen mit dem Xocoa-Label gibt es mittlerweile auch in Valencia, Madrid und Lissabon. Kehren Sie an dieser Stelle um, der **Carrer de la Princesa** führt jetzt wieder zum Carrer del Comerç. An der Kreuzung beider Straßen passieren Sie das Restaurant Espai Sucre (Carrer de la Princesa Nr. 53). Der von Meisterpâtissier **Jordi Butrón** geschaffene »Zuckerraum« (so die deutsche Übersetzung des Namens) ist ein echter Exot der städtischen Gastro-Szene: Er bringt (fast) nur Desserts auf den Tisch, diese dann aber in drei bis fünf Gängen – die Gäste kommen für ein abend- und magenfüllendes Menü.

Speisen im Zuckerraum

Mit dem traditionellen Nachtisch wie bei Muttern haben Jordis kleine Kunstwerke allerdings nicht mehr viel zu tun. Zwar sei auch bei ihm die erste Zutat Zucker, gesteht Butrón, der sein Wissen mittlerweile sogar in einer eigenen Schule weitergibt. Durch zu viel Süße (oder auch Fett) ersticke man aber jedes andere feinere Aroma. Nur bei dezentem Zucker-Einsatz gelängen seine feinen Kreationen, beispielsweise Birnensuppe mit Portwein und Eukalyptus-

eis, Teesuppe mit Früchten, grüner Apfel mit pikantem Yoghurt oder gewürzte Schokolade.

Schokoladenseiten

Schokolade, schon wieder! Wer allmählich glaubt, dass Barcelona eine ganz besondere Beziehung zum bittersüßen Kakaoprodukt pflegt, liegt ganz richtig. Biegen Sie links in den **Carrer del Comerç** ein, gleich auf der rechten Straßenseite (Nr. 36) gelangen Sie zum **Museu de la Xocolata**. Für Naschkatzen ist der Besuch dieses Hauses fast schon ein Muss: Es klärt über Herkunft sowie Herstellung der Schokolade auf, stellt ihren Wert als Nahrungsmittel, Arzneimittel und Aphrodisiakum dar – und verkostet sie auch in ungewöhnlichsten Formen. Wer endgültig auf den Geschmack gekommen ist, kann sich natürlich anschließend noch im Museumsshop bevorraten.

Setzen Sie Ihren Weg auf dem Carrer del Comerç fort, um dann rechts in den **Passeig de Pujades** einzubiegen. Schon nach wenigen weiteren Schritten erreichen Sie die westliche Ecke des **Parc de la Ciutadella**. Sie können den großzügigen Stadtpark jetzt auf eigene Faust erkunden – und unterwegs dann das mitgebrachte Picknick genießen.

Symbol der Fremdherrschaft

Auch der Park hat übrigens eine ganz eigene, bewegte Geschichte. Nachdem er Barcelona im Jahr 1714 be-

> **Schoko-Kenner**
>
> Früher als alle anderen Europäer kamen die Spanier in Kontakt mit der Kakaobohne. Schon Christoph Kolumbus soll diese Schokoladen-Grundzutat nach Barcelona mitgebracht haben. Das aztekische Rezept für Heiße Schokolade hielt der spanische Adel sogar lange Zeit geheim.

siegt hatte, sicherte der Bourbonenkönig Felipe V. die Stadt hier mit einer mächtigen Festung. Er ließ die zu jener Zeit größte **Zitadelle** ganz Europas bauen. Insgesamt 1200 teils historische Häuser mussten Anfang des 18. Jh. für den Bau der Zitadelle abgerissen werden, rund 4500 Menschen verloren auf diese Weise ihr Zuhause, jahrzehntelang waren sie gezwungen, in einer provisorischen Barackensiedlung zu leben. Den Bau der verhassten Festung musste die Stadt mit einer Strafsteuer selbst finanzieren.

Erst gegen Mitte des 19. Jh. wurde der gigantische Militärstützpunkt wieder abgerissen. Auf seinem ehemaligen Standort zeigte sich Barcelona dann bei der Expo 1888 mit neuem Stolz vor aller Welt. Den Eingang zum Gelände der Weltausstellung markierte übrigens – wie passend! – ein riesiger roter Triumphbogen. Gehen Sie nach links in den **Passeig de Lluís Companys**, dort steht das Bauwerk noch heute. Am Ende dieser Promenade befindet sich dann der Abstieg zur Metrostation Arc de Triomf.

SEHENSWERTES

Museu Picasso 8 ▸ S. 150, C 21

Das meistbesuchte Museum der ganzen Stadt zeigt vielleicht nicht die berühmtesten Werke von Pablo Picasso. Dank seiner chronologischen, den verschiedenen Schaffensperioden folgenden Konzeption gewährt es aber umso wertvollere Einblicke in die Denkweise eines der wichtigsten Künstler des 20. Jh.
C. de Montcada 15–23 • Metro: Jaume I, Arc de Triomf • Tel. 9 32 56 30 00 • www.bcn.cat/museupicasso • Di–So 10–20 Uhr • Eintritt 11 €, erm. 8 €, unter 16 Jahren frei

Parc de la Ciutadella ▸ S. 151, D 21/22

Dieser 30 ha große Volkspark der Stadt lädt nicht nur zum Sonnenbad, Spaziergang oder Picknick. Musiker (Amateure wie Profis) geben hier teils kostenlose Konzerte, einen See in der Mitte des Geländes kann man mit Booten befahren, vor einigen Jahren wurde auch ein barrierefreier Spielplatz angelegt. Der Zoo und das Naturwissenschaftliche Museum der Stadt haben sich ebenfalls im Park angesiedelt.
Metro: Arc de Triomf, Ciutadella-Vila Olímpica

ESSEN UND TRINKEN

Espai Sucre ▸ S. 150, C 21

Der von Jordi Butrón geschaffene »Zuckerraum« serviert abends drei- bis fünfgängige Süßspeisen-Menüs, nur als Appetithappen werden auch pikante Kleinigkeiten (»Salados«) gereicht.
C. de Princesa 53 • Metro: Jaume I, Arc de Triomf • Tel. 9 32 68 16 30 • www. espaisucre.com • Di–Do 21–23.30 Uhr, Fr, Sa speist man in zwei Schichten ab 20.30 und ab 22.30 Uhr • €€

Zum Tibidabo: hoch hinaus!

Bis ins späte 19. Jh. war der vergleichsweise flache Montjuïc Barcelonas unbestrittener Hausberg, dann wuchs die Stadt an den dreimal höheren Tibidabo heran. Auf seine Flanken floh das reiche Großbürgertum vor der sommerlichen Hitze, heute sind die kleinen Fluchten aus der großen Stadt auch für wenig Geld zu haben – und mindestens so beliebt wie damals: Neben sehenswerten Parks, Kirchen und Villen bietet der Weg zum Berg einige eindrucksvolle Vogelperspektiven.

◄ Ein lohnendes Ausflugsziel ist der Tibidabo (► S. 109) mit seinem Vergnügungspark, Panoramablick inklusive.

START Metro Joanic
ENDE Metro Avinguda del Tibidabo
DAUER 2,5–5 Stunden

Aus der Metrostation Joanic gelangen Sie auf die gleichnamige Plaça – und damit auf einen jener kleinen Plätze des Stadtteils Gràcia, der bis 1897 ein von Barcelona unabhängiges Dorf war. Über die **Plaça Joanic** führt der **Carrer de l'Escorial**, in den Sie gleich nach rechts einbiegen. Folgen Sie dieser Straße für einige 100 m. Sie gehen durch die Ausläufer Gràcias. Direkt durch das Herz des stolzen, immer noch auf seine Eigenständigkeit bedachten Szeneviertels flanieren Sie mit dem Spaziergang 7.

Schon bald spüren Sie auf Ihrem Weg: Es geht bergauf, und zwar fast kontinuierlich! Steigungen, teils noch deutlich steiler als diese, werden Ihnen bald immer wieder begegnen. Während der Stadtteil Gràcia auf einer durchschnittlichen Höhe von rund 50 m über dem Meeresspiegel liegt, ragt die Spitze des **Tibidabo**, das Ziels Ihres Spaziergangs, stolze 512 m in den Himmel hinein. Doch keine Sorge – die Strecke bietet immer wieder wunderbare Rastplätze, und wer nicht länger laufen will, kann weite Teile auch alternativ mit einer Straßenbahn und/oder einer Standseilbahn (**Funicular del Tibidabo**) zurücklegen.

> **Geschmacksfrage**
> »Manchmal glaube ich, dass wir die einzigen Menschen sind, die diese Architektur mögen«, soll Architekt Antoni Gaudí einst zu seinem Mäzen Eusebi Güell gesagt haben. Dessen Antwort: »Ich mag deine Architektur nicht, ich respektiere sie.«

Investitionsruine

Der Carrer d'Escorial kreuzt nun die breite Ringstraße **Travessera de Dalt**, hinter ihr biegen Sie in die zweite Gasse links ein. Folgen Sie dem Carrer del Pare Jacint Alegre, der später zum **Carrer de Marianao** wird. An dessen Ende gehen Sie direkt auf eine Mauer mit hauptsächlich in Rot und Weiß gehaltenen Mosaiken zu: Sie stehen am Rand des **Park Güell**, einer der meistbesuchten Sehenswürdigkeiten ganz Barcelonas. Nehmen Sie links den **Carrer d'Olot**, um nach ein paar weiteren Schritten den Haupteingang des berühmten, von **Antoni Gaudí i Cornet** gestalteten Parkgeländes zu erreichen. Im Grunde genommen ist es eine Investitionsruine, die hier von der UNESCO zum Weltkulturerbe erklärt worden ist. Ursprünglich hatte das weltbekannte Architekturgenie Gaudí gar keinen Park, sondern ein exklusives Wohnviertel für das wohlhabende Bürgertum seiner Zeit anlegen wollen. Damals, um 1900, lag das Gebiet noch am äußersten Rand der gerade durch die Eingemeindung von Gràcia gewachsenen Stadt. Für seinen großen Förderer, den Industriellen und später zum Grafen geadelten **Eusebi Güell i Bacigalupi**, entwarf Gaudí eine Gartenstadt nach englischem Vorbild.

Gartenstadt für Großbürger

Mindestens 60 prächtige Villen waren geplant. Zur Finanzierung des ehrgeizigen Vorhabens sollten die Häuser schon vorab veräußert werden, doch Gaudí und Güell fanden kaum Investoren. Nach dem Tod des Architekten kaufte die Stadt das Areal, 1926 machte sie es der Öffentlichkeit als Park zugänglich. Nirgendwo sonst kann man Gaudís Baukunst heute auf so großer Fläche bestaunen – die ebenso berühmte wie bizarre Kirche **Temple Expiatori de la Sagrada Família** 🔳 (Heilige Familie) vielleicht einmal ausgenommen. Und so bewegt sich an manchen Tagen ein regelrechter Pilgerzug zum Parkeingang im **Carrer d'Olot**. Die beiden mit Zuckergussdächern verzierten Pavillons am Eingang des Parks sollten eigentlich als Pförtner-

häuschen dienen, hinter ihnen leitet eine große Freitreppe hinein in den Park und vorbei an dem Brunnen mit der mit bunten Mosaiken besetzten Echse. Schon wieder Mosaike – und das ist erst der Anfang! Die hier angewendete und für Antoni Gaudí ganz typische Trencadís-Technik sehen Sie gleich noch in viel größerer Pracht. Der Architekt soll dieses spezielle Mosaik-Verfahren selbst entwickelt haben, und zwar bei der Arbeit an den **Pavellons Güell**, seinem ersten von Eusebi Güell beauftragten Projekt: Bereits dort begann er, auf strenge Symmetrien zu verzichten, stattdessen erforschte er lieber organische, also der Natur entlehnte Formen.

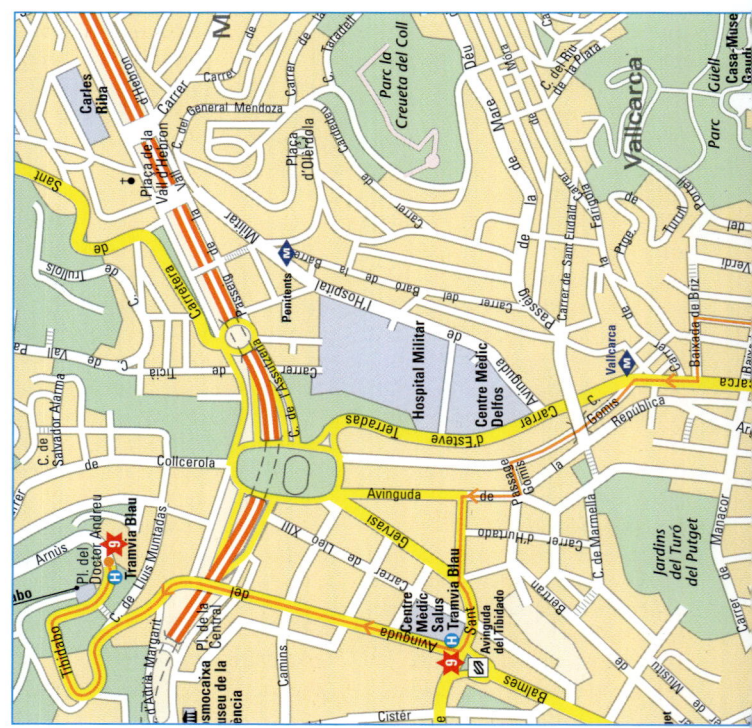

Beispielhafte Notlösung

Allerdings war das benötigte Baumaterial, darunter auch Keramikkacheln, nur in der bisher üblichen Formgebung, also viereckig, verfügbar. Was tun? Gaudí entschloss sich kurzerhand, die Kacheln zu zerbrechen. Mit den Scherben – von denen jede einzelne plötzlich zu einem unverwechselbaren Unikat geworden war – arbeitete er schließlich weiter. Bald wurde die Technik durch weitere Architekten jener Zeit aufgegriffen – und so zu einem ganz charakteristischen Merkmal des katalanischen Modernisme.

Über die Freitreppe gelangen Sie in die sogenannte **Halle der 100 Säulen**. Seinen Namen trägt dieser riesige, ursprünglich für Marktstände vorgesehene Raum allerdings nicht ganz zu Recht – wenn Sie hier nur 86 Stützpfeiler zählen, zählen Sie trotzdem ganz richtig! Unter dem Gewölbe der Halle können Sie viele weitere Trencadís-Mosaike erkennen. Direkt über ihm, also gewissermaßen auf dem Hallendach, liegt eine als Theater- und Versammlungsplatz geplante Terrasse. Begrenzt wird sie zu drei Seiten von einer geschlängelten, durch Mosaike ornamentierten Bank – die mit ihren 150 m als längste der Welt gilt.

Postkartenmotive

Der Ausblick von hier oben gehört wohl zu den beliebtesten Fotomoti-

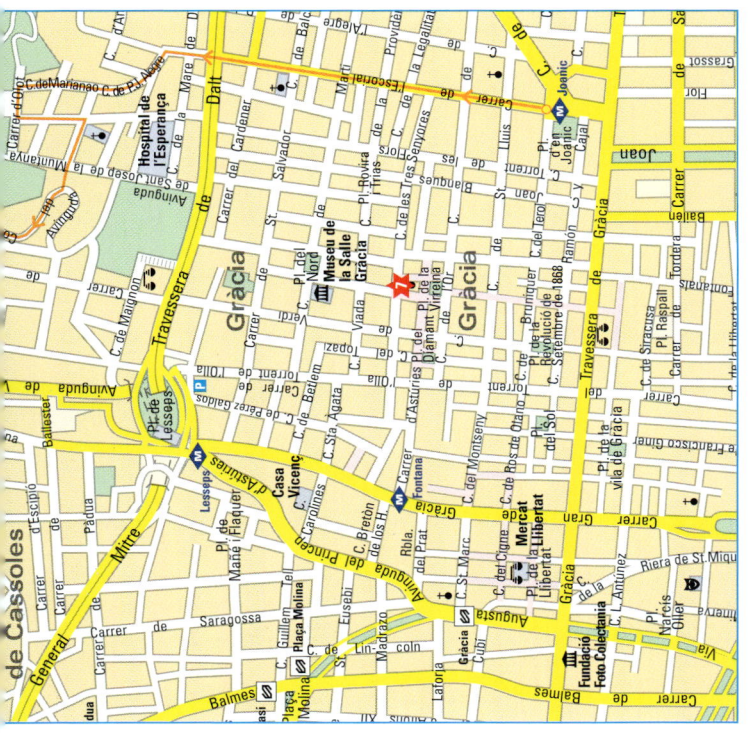

Wer sich den Weg zum Tibidabo so bequem wie möglich gestalten möchte, nutzt die Tramvia Blau (▶ S. 107) und genießt die Fahrt mit dieser historischen Straßenbahn.

ven der Stadt: im Vordergrund die bizarren Spitzen der Pförtnerhäuschen, dahinter ganz Barcelona. Sämtliche Landmarken der Metropole kann man sehen, links die Kräne und Türme der **Sagrada Família** ✶, rechts davon die Zwillingstürme am Olympischen Hafen. Noch weiter rechts die segelförmige Silhouette des W-Hotels am Rand von **La Barceloneta** ❷, schließlich die sanfte grüne Erhebung des **Montjuïc** ❸. Deutlich sind auch die schnurgeraden Straßenschneisen im Schachbrettmuster des **Eixample** zu erkennen, weiter schweift der Blick auf die Enge der Ciutat Vella – und endlich auf das blau schimmernde Mittelmeer.

Rückzugsort

Nicht nur menschliche Besucher zieht es in den Park Güell, sondern auch viele Vogelarten, darunter sogar seltene Schlangenadler. Unüberhörbar sind vor allem Papageien, die sich – eigentlich aus Südamerika stammend – seit einigen Jahren in Barcelona immer stärker vermehren.

Schon dieses erste Panorama des Spaziergangs kann eine fast berauschende Wirkung entfalten, im Verlauf der Tour erwarten Sie allerdings noch viel großzügigere weitere Perspektiven. Wenden Sie sich also wieder dem Park zu: Rechts der Terrasse führt ein Weg zu Antoni Gaudís ehemaligem Wohnhaus. Der Architekt selbst hat 20 Jahre lang – als einziger Bewohner – in der Gartenstadt gelebt, die rosafarbene Villa mit dem kleinen Türmchen wurde von seinem Schüler **Francesc Berenguer i Mestres** erbaut. Tatsächlich kam Gaudí in seinen letzten Jahren kaum noch hierher. Von der Arbeit an der Sagrada Família besessen, schlief er fast nur noch auf der Baustelle. Heute dient das Gebäude als **Gaudí-Museum**, es zeigt sowohl vom Meister gezeichnete Pläne als auch selbst entworfene Möbel, teilweise aus den Gaudí-Bauten Casa Milà und Casa Batlló.

Berghang mit Rolltreppe

Wer mag, kann den Park nun auf eigene Faust noch etwas weiter erkunden. Die Anlage bietet einige Überraschungen, etwa Viadukte, die eher an naturbelassene Grotten als an von Menschenhand geschaffene Bauwerke erinnern. Je mehr man den teils steilen Hang hinaufwandert, desto unberührter gibt sich das Gelände. Bäume, Sträucher und Kakteen wachsen scheinbar wild, die Wege wirken wie in den schroffen Fels gehauen. Der Aufstieg lohnt auch, weil ihn die meisten Besucher meiden – hier oben herrschen Stille und Ruhe. Gehen Sie irgendwann zurück zur Terrasse, die Freitreppe hinunter und zwischen den Pförtnerhäuschen hindurch. Biegen Sie rechts in den Carrer d'Olot, links in den Carrer de Larrard und wieder rechts in die **Rambla de Mercedes**.

Diese Gasse führt zu einer Treppe, deren Stufen Sie nehmen. Dahinter zweigt rechts die kurvige Avinguda del Coll de Portell ab, dann nach einiger Zeit links die **Baixada de la Glòria** – eine Gasse so steil, dass sie nicht nur mit einer Treppe, sondern auch mit einer Rolltreppe ausgestattet wurde. Steigen Sie diese und eine weitere anschließende Treppe hinab. Von der Baixada de la Glòria wechseln Sie rechts in die Passatge d'Espíria, dann links in die Baixada de Briz, die bald zum **Carrer de les Medes** wird.

Zeitreise mit der Straßenbahn

An seinem Ende gehen Sie rechts in die – nun wieder deutlich breitere – **Avinguda de Vallcarca**. Direkt vor der gleichnamigen Metrostation (Vallcarca) biegen Sie links in den Carrer de Gomis. Durch die winzige, abermals links abzweigende Passatge de Gomis gelangen Sie auf die **Avinguda de la República Argentina**. Folgen Sie ihr nach rechts, also bergaufwärts, um schon bald links in den Carrer de Craywinckel zu wechseln. Er führt auf den **Passeig de Sant Gervasi**, über den Sie – einfach weiter geradeaus – zu einer größeren Kreuzung kommen.

Rechts zweigt hier die prächtige, von fast palastartigen Villen gesäumte **Avinguda del Tibidabo** ab. Sie haben jetzt die Wahl! Entweder man spaziert die ständig ansteigende Nobelstraße zu Fuß hinauf (und überwindet dabei einen Höhenunterschied von 93 m). Oder man kauft sich stattdessen ein Ticket für die historische **Tramvia Blau** ✳. Diese »blaue Straßenbahn« gibt es schon seit 1901, ihre 1276 m lange Strecke ist identisch mit dem weiteren Verlauf des Spaziergangs. Bahnfahrer verpassen also nichts. Ganz im Gegenteil, die gemütlichen, teilweise kaum schneller als Schritttempo (im Durchschnitt 10 km/h) fahrenden Wagen, bis heute stammen die Fahrzeuge noch aus dem Eröffnungsjahr, sind selbst eine echte Sehenswürdigkeit – anders als etwa die berühmten Lissaboner Eléctricos werden sie allerdings nur noch zu touristischen Zwecken genutzt. Kleine Entscheidungshilfe: Ab hier verlaufen Hin- und Rückweg der Tour auf gleicher Route, die Möglichkeit zur Tramfahrt bietet sich also auch später noch einmal.

Villenviertel in Hanglage

Auf einige Bauwerke mit markanter modernistischer Architektur sollten Sie an der Avinguda del Tibidabo ganz besonders achten. So befindet sich gleich hinter der Kreuzung rechts (also direkt an der Haltestelle zur Tramvia Blau) das bis 1906 von **Adolf Ruiz i Casamitjana** erbaute **Rotonda-Gebäude** (Nr. 2). Früher ein Hotel, beherbergt es heute ein Krankenhaus. Weiter oben sehen Sie an der linken Straßenseite die als **Torre Ignacio Portabella** (Nr. 27) bekannte Villa – **José Pérez Terraza** hat sie, ebenfalls bis 1906, erbaut. Zwei Häuser weiter steht, wieder links, auf Nr. 31 die **Casa Roviralta**. Sie ist älter als die meisten Bauten in der Nachbarschaft, wurde aber bis 1913 von **Joan Rubió i Bellver** mit modernistischen Stilelementen umgestaltet. »El frare blanc« (der weiße Bruder) lautet ihr oft verwendeter Spitzname, der allerdings nicht – wie man vermuten könnte – auf die Farbe ihrer Fassade anspielt, sondern auf die Tatsache, dass sie einst von Dominikanermönchen bewohnt wurde. Für die Entwürfe der **Casa Fornells** (Nr. 35–37) zeichnete Rúbio – der als Gaudí-Schüler u. a. auch am Bau der Sagrada Família beteiligt war – ebenfalls verantwortlich. Wie die erwähnten Gebäude entstand die gesamte **Avinguda del Tibidabo** kurz vor und nach der vorletzten Jahrhundertwende. Barcelona boomte damals, eine kleine Kaste großbürgerlicher Industrieller war zu immensem Reichtum gekommen. Am Berg suchte sie der lauten, stickigen Stadt zu entkommen. Mittlerweile sind nur noch wenige der weitläufigen Anwesen bewohnt, stattdessen dienen sie meist als Sitze für Firmen, Konsulate, Privatschulen oder Restaurants (etwa das gediegene Asador de Aranda, Nr. 31, also im »El frare blanc«).

Hinter der Casa Fornells öffnet sich eine breite Kreuzung. Sie folgen immer noch der Avinguda del Tibidabo, die auf einer Brücke über die Schnellstraße Ronda de Dalt führt und sich dann in Serpentinen weiter den Hang hinauf schlängelt. Im Hintergrund sehen Sie manchmal schon die fast mittelalterliche, auf einer Anhöhe thronende **Casa Evarist Arnús**. Zunächst passieren Sie aber rechter Hand die schneeweiße **Casa Muntadas** (Nr. 48 – eine 1901 von **Josep Puig i Cadafalch**, dem Architekten des Palau de la Música Catalana, erbaute Villa) sowie die **Casa Cuberta** (Nr. 56 – ein palastartiges, mit Ausnahme der roten Dächer cremeweiß gehaltenes Gebäude von Gaudí-Schüler Joan Rúbio).

Berühmte Bar mit Blick

An ihrem Ende wird die Avinguda del Tibidbao zum **Carrer de Manuel Arnús**, der dann gleich in einen kleinen Platz, die **Plaça del Doctor An-**

> **Farbgebung**
>
> Wie der Name schon sagt: Tatsächlich tragen fast alle Wagen der historischen Straßenbahn blauen Lack. Nur einer, der Wagen Nr. 129, ist rot – er stammt aus der städtischen Tramflotte, wurde ursprünglich auf anderen Strecken eingesetzt und erst 1986 in den Dienst der Tramvia Blau gestellt.

Das ursprünglich als Hotel errichtete Gebäude »La Rotonda« (▶ S. 108) erhielt seinen Namen aufgrund des kleinen Rundpavillons, der ihm aufgesetzt wurde.

dreu, mündet. Für Bahnfahrer heißt es hier: Alle aussteigen, Endstation! Am Platz befinden sich mehrere Bars und Cafés. Am bekanntesten – und daher auch am touristischsten – ist das **Mirablau** (Carrer de Manuel Arnús 1), Einheimische gehen eher nebenan ins **Mirabé** (Carrer de Manuel Arnús 2): Mit ihren Panoramafenstern eröffnen beide Lokale herrliche Ausblicke, die jene vom Balkon des Park Güell noch um einiges übertreffen – nach Sonnenuntergang liegt Ihnen ein wahres Lichtermeer zu Füßen! Beim Verlassen von Mirablau oder Mirabé fällt Ihnen – zumindest wenn Sie Ihren Kopf in den Nacken legen – wieder die **Casa Evarist Arnús** auf. Das mächtige neugotische Gebäude entstand bis 1903, in manchen Nächten wird seine märchenhafte Anmutung noch durch eine eindrucksvolle Illumination verstärkt.

An der Plaça del Doctor Andreu werden Sie nun wieder vor die Wahl gestellt: Über den sich fortsetzenden Carrer de Manuel Arnús und auf weiteren verschlungenen Wegen können Sie bis zum Gipfel des Tibidabo wandern. Deutlich schneller und müheloser lassen sich die immerhin noch fast 300 Höhenmeter mit der Standseilbahn **Funicular del Tibidabo** überwinden – die Fahrt dauert nur wenige Minuten.

Nostalgischer Vergnügungspark

Oben angekommen verlassen Sie die Bergstation der Standseilbahn und gelangen so auf die **Plaça del Tibidabo**. Rechts sehen Sie nun den Eingang zum **Parc d'atraccions Tibidabo** (**PATSA**). Dieser historische Vergnügungspark scheint sich für sein hohes Alter kein bisschen zu schämen: Die neuesten, spannends-

An der Plaça del Doctor Andreu, Endhaltestelle der Tramvia Blau, befindet sich der Club Mirablau (▶ S. 109) mit Bar, Disco und einem schönen Blick von der Terrasse.

ten, spektakulärsten Nervenkitzel sucht man hier auch nach mehreren Modernisierungen noch vergeblich, stattdessen laden nostalgische Fahrgeschäfte zu wahren Zeitreisen ein. Manche Attraktionen, etwa das **Museu d'Automates** (Automatenmuseum), das Flugzeug, das Karussell und das Riesenrad, stammen unverkennbar aus der selben Epoche wie die Tramvia Blau. Tatsächlich eröffneten der Vergnügungspark, die Straßenbahn und auch die Standseilbahn zeitgleich am 29. Oktober 1901. Erst zwei Jahre zuvor hatte der Unternehmer **Salvador Andreu i Grau** gemeinsam mit mehreren Partnern weite Teile des Tibidabo gekauft. Sein erklärtes Ziel: den Berg zu urbanisieren.

Der – zumindest dem Empfinden nach – ziemlich fernen Erhebung im Rücken ihrer Stadt fühlten sich die meisten Barcelonesen damals noch nicht besonders verbunden. Erst während der späten 1880er-Jahre war eine schmale Straße zum Gipfel und dort dann eine kleine Einsiedelei gebaut worden, hinauf gelangte man normalerweise nur mit einem strammen Tagesmarsch. Doch die Infrastrukturprojekte von Salvador Andreu (der übrigens auch die Anlage der prunkvollen Avinguda del Tibidabo initiierte) machten den Gipfel plötzlich ganz nah und erreichbar – und ließen ihn fast über Nacht zu einem äußerst beliebten Ausflugsziel werden.

Neue Ode an eine aufblühende Stadt

Und dann standen die Leute plötzlich da, und sie staunten und sahen ihre Stadt wie noch nie zuvor: aus mehr als einem halben Kilometer Höhe, weit und winzig und wuchtig zugleich. Ein Anblick, der ihnen den

Die Casa Evarist Arnús (▶ S. 108) wurde 1903 von Enric Sagnier i Villavecchia errichtet. Der Architekt entwarf auch die Kirche Sagrat Cor auf dem Tibidabo.

Atem stocken ließ, der sich vielleicht am besten mit den Worten des berühmten katalanischen Dichters **Joan Maragall i Gorina** (1860–1911) beschreiben lässt:

Wohin gehst du, Barcelona, katalanischer Geist?

Du hast den Höhenrücken überwunden, die Einfriedung schon übersprungen

und du gehst geradewegs hinaus mit deinen weitverstreuten Häusern,

als ob die große Freiheit dich berauschte.

(…)

So wie du bist, so will ich dich oh böse Stadt: wie ein verhängtes Übel bist du, es geht von dir aus

denn du bist eitel und feig, verräterisch und roh,

dass wir die Augen niederschlagen müssen,

Barcelona! und mit allen deinen Sünden, unser! unser!

Unser Barcelona! die große Zauberin!

Mit seiner »Oda Nova a Barcelona« (Neue Ode an Barcelona), aus der diese Zeilen stammen, skizzierte Maragall meisterhaft die zwiespältige, auf dem Tibidabo noch immer spürbare Stimmung jener Zeit. Man war tief beeindruckt, ja sogar begeistert, dabei aber auch verängstigt von einer Stadt, die nicht nur wie lange ersehnt endlich aufblühte, sondern gleich wie entfesselt wuchs und wuchs, fast schon wucherte, immer andere, immer neue Möglichkeiten eröffnete.

Neugotische Gipfelkirche

Heute bietet der Gipfel eine Vielzahl von Aussichtspunkten: etwa direkt hinter dem Gebäude der Bergstation oder innerhalb des Vergnügungsparks, beispielsweise auf dem Rundkurs **Cami del Cel** (Himmelsweg).

Aber es geht auch noch höher hinaus! Vor sich sehen Sie die Kirche **Sagrat Cor** (Herz-Jesu-Kirche, wörtlich: Kirche des Heiligen Herzens). Ihr weitgehend mittelalterlich-neugotischer Stil erinnert an die **Casa Evarist Arnús** – jenes burgartige Gebäude, das über der Talstation der Standseilbahn thront. Tatsächlich wurden beide Bauwerke vom selben Architekten, **Enric Sagnier i Villavecchia**, errichtet. 1902, also ein Jahr nach Eröffnung der Straßen- und Standseilbahnverbindung, legte man gleich neben der alten Einsiedelei den Grundstein für Sagrat Cor. Doch die Arbeiten dauerten viel länger als geplant, und 1936, bei Beginn des Spanischen Bürgerkriegs, führten antiklerikale Ausschreitungen wieder zu einer Zerstörung großer Gebäudeteile: Die katholische Kirche stand damals fast geschlossen hinter dem faschistischen Militärputsch, später stellte sie eine wichtige Säule des diktatorischen Regimes von General **Francisco Franco**.

Erst 1961 wurde die Kirche auf dem Tibidabo endlich fertiggestellt – von **Josep Maria Sagnier i Vidal**, dem Sohn des ursprünglichen, schon drei Jahrzehnte zuvor verstorbenen Architekten. Über die **Plaça del Tibidabo** und eine hinter ihr anschließende Freitreppe gelangen Sie nun zum Eingang der bis 1911 erbauten neobyzantinischen Krypta. An beiden Seiten der Krypta führen weitere Stufen hinauf zum Tempel. Mit dem Aufzug können Sie zu einer in 538 m Höhe gelegenen Plattform gelangen. Steinerne Skulpturen, die zwölf Apostel, säumen hier das Dach der Kirche. Noch ein paar Treppen, dann haben Sie es geschafft – und stehen auf dem höchsten der drei Kirchtürme, zu Füßen einer bronzenen Jesus-Skulptur mit weit ausgebreiteten Armen. Dies ist das letzte, spektakulärste und weiteste Panorama des Spaziergangs: Erkennen Sie noch die Sagrada Família? Bis zu 112 m hoch stechen ihre Spitzen in den Himmel, doch von hier aus gesehen wirkt der unvollendete Sakralbau so winzig wie ein Modell. Von hier aus können Sie vielleicht auch ermessen, mit welcher eindrucksvollen, manchmal fast furchterregenden Geschwindigkeit Barcelona einst gewachsen war: Heute steht die Sagrada Família mitten im Herzen der Stadt, noch vor einem Jahrhundert weideten Ziegen in ihrer fast vollkommen unbebauten Nachbarschaft.

> **Spitzenplatz**
> Eine atemberaubende Aussicht bietet sich auch von der öffentlichen Aussichtsplattform des Fernsehturms Torre de Collserola – im zehnten Stockwerk des Turmkorbs befindet man sich hier auf einer Höhe von 560 m über dem Meeresspiegel.

Rückblick ins Hinterland

Neben dem – aus niedrigeren Lagen bereits vertrauten – Blick auf Barcelona sehen Sie jetzt erstmals auch das Hinterland der Metropole. Mit dem Gesicht zum Meer rechts erblicken Sie den **Torre de Collserola**, einen modernen, nach Entwürfen des britischen Stararchitekten Norman Foster für die Olympischen Spiele im Jahr 1992 fertiggestellten Fernsehturm. Er steht auf dem 452 m hohen Turó de Vilana, ist selbst weitere 288 m hoch, überragt also sogar den

Wenn uns eine *Stadt*
zu *Frühaufstehern* macht ...

... *dann muss es* **live!** *sein*

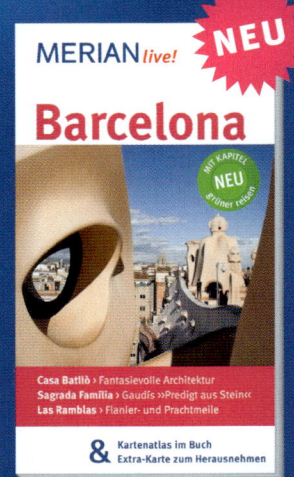

MERIAN *live!*

NEU

Barcelona

MIT KAPITEL
NEU
»Grüner reisen«

Casa Batlló › Fantasievolle Architektur
Sagrada Família › Gaudís »Predigt aus Stein«
Las Ramblas › Flanier- und Prachtmeile

& Kartenatlas im Buch
Extra-Karte zum Herausnehmen

MERIAN
Die Lust am Reisen

Ein beliebtes Fotomotiv im Parc Güell (▸ S. 103) ist die Echse am Haupteingang. In den Sommermonaten ist sie permanent von fotografierenden Touristen umgeben.

Tibidabo. In seinem zehnten Stockwerk bietet er übrigens ebenfalls eine öffentliche Panoramaplattform, die über einen Aufzug zu erreichen ist. Klar erkennbar ist auch der Verlauf der **Serra de Collserola**: Dieses teilweise als Naturpark geschützte Mittelgebirge, dessen höchste Erhebung der Tibidabo darstellt, erstreckt sich parallel zur Küste – und bildet so eine natürliche Grenze für das weitere Wachstum der Stadt. Hinter dem Höhenzug liegt die zentralkatalanische Tiefebene, in weiter Ferne sehen Sie dann – allerdings nur an Tagen mit besonders klarer Sicht – den **Montserrat** (»gesägter Berg«). Dieses mehr als 1200 m hohe Sandsteingebirge gilt vielen Katalanen nicht nur als attraktives Ziel für Tagesausflüge, sondern fast als eine Art Nationalheiligtum. Sie haben das Ziel dieses Spaziergangs erreicht! Zurück geht es, wie bereits erwähnt, auf dem gleichen Weg wie hinauf – mit dem Funicular del Tibidabo und der Tramvia Blau gelangen Sie zur Metrostation Avinguda del Tibidabo. Alternativ können Sie natürlich auch laufen. Oder den Bus nehmen: Die Linie T2A bringt Sie beispielsweise (allerdings nur, wenn der Vergnügungspark geöffnet ist) wieder direkt zur zentralen Plaça de Catalunya.

Halsschmeichler

Nicht erst durch die Urbanisierung des Tibidabo ist der Immobilieninvestor Salvador Andreu i Grau berühmt geworden. Vermögend wurde er schon zuvor als Pharmazeut und Industrieller, seine nach ihm benannten Hustentabletten – die »Pastillas Dr. Andreu« – kennt in Spanien noch heute jedes Kind.

SEHENSWERTES

Casa Museu Gaudí ▸ S. 143, D 7

Museum im ehemaligen Wohnhaus des genialen Architekten.
Ctra. del Carmen 24 • Metro: Joanic/Lesseps • Tel. 9 32 19 38 11 • www.
casamuseugaudi.org • Okt.–März tgl. 10–18, April–Sept. 10–20 Uhr,
25., 26. Dez., 6. Jan. 10–14 Uhr, 1. Jan. geschl. • Eintritt 5,50 €, erm. 4,50 €

Funicular del Tibidabo ▸ S. 142, B 5

Standseilbahn über 300 Höhenmeter zum Gipfel des Tibidabo.
Pl. del Doctor Andreu • Metro: Av. del Tibidabo (und von dort weiter mit Tramvia Blau) • Tel. 9 32 11 79 42 (Parc d'atracciones del Tibidabo) • www.tibi
dabo.cat • tgl. ab 15 Min. vor Eröffnung des Cami del Cel im Vergnügungspark und bis 15 Min. nach Schließung des Cami del Cel oder des gesamten
Geländes (Feb. nur Sa und So, 25., 26., 31. Dez. geschl.) • 7,50 €, bei gleich-
zeitigem Kauf einer Eintrittskarte für den Vergnügungspark nur 4 €

Parc d'atraccions del Tibidabo ▸ S. 142, westl. B 5

Nostalgischer Vergnügungspark auf dem Tibidabo.
Pl. del Tibidabo • Metro: Av. del Tibidabo (von dort weiter mit Tramvia Blau
und Funicular del Tibidabo) • Tel. 9 32 11 79 42 • www.tibidabo.cat • saiso-
nal sehr unterschiedliche Öffnungszeiten, verschieden auch für den Cami
de Cel und das übrige Parkgelände, s. Website • Eintritt 28,80 € ganzes Gelände, 12,40 € Cami del Cel (10 €/7,80 € für Besucher bis 1,19 m Körpergröße, kostenlos für Besucher bis 0,89 m Körpergröße)

Parc Güell ▸ S. 143, D 7

Einst von Antoni Gaudí als Gartenstadt für die Oberschicht geplant, heute
ein Park fürs ganze Volk.
C. d'Olot 1–13 • Metro: Joanic/Lesseps • tgl. 10 Uhr bis zur Abenddämme-
rung • Eintritt frei

Sagrat Cor ▸ S. 142, westl. B 5

Gipfelkirche auf dem Tibidabo.
Cumbre del Tibidabo • Metro: Av. del Tibidabo (von dort weiter mit Tramvia
Blau und Funicular del Tibidabo) • Tel. 9 34 17 56 86 • www.templotibidabo.
org

Tramvia Blau 9 ▸ S. 142, B 7

Historische Straßenbahn von 1901.
Av. del Tibidabo (weitere Haltestellen auf der Strecke) • Metro: Av. del Tibidabo • Tel. 9 02 07 50 27 (Transports Metropolitans de Barcelona) • www.tmb.
cat/en/tramvia-blau • im Sommer tgl. 10–20 Uhr, sonst nur Sa, So und feiertags, je nach Jahreszeit 10–18 oder 10–20 Uhr • 3 € einfache Fahrt, 4,80 €
für Hin- und Rückfahrt

Vom Problem- zum Partyviertel

Traditionell gilt El Raval als Barcelonas verrufener Bezirk, noch heute haftet dem berühmt-berüchtigten Altstadtviertel ein hartnäckiges Schmuddel-Image an. Doch spätestens seit den 1990er-Jahren entwickelte es sich verstärkt zur Kultur-, Party- und Szenegegend: Aufregende Bars, Clubs, Galerien, Museen und Restaurants sind in den Raval gezogen. Beim Bummel durch Gassen, Straßen und über Plätze erlebt man das spannende Nebeneinander der (Sub-)Kulturen – und einen Stadtteil im Wandel.

◄ Früher bei Künstlern beliebt, auch heute noch gerne besucht: die Absinth-Bar Marsella (► S. 119) im Raval.

START Metro Drassanes
ENDE Metro Paral·lel
DAUER 2 Stunden

Von der Metrostation Drassanes gelangen Sie direkt auf die »Rambla«, Barcelonas wohl berühmteste Straße. Eigentlich ist dieser umgangssprachlich oft verwendete Name nicht ganz korrekt. Richtiger wäre es, im Plural von Les Rambles (so jedenfalls die katalanische Variante, auf Spanisch auch: Las Ramblas) zu sprechen. Denn genau genommen handelt es sich bei dieser gewundenen Flanier- und Vergnügungsmeile zwischen dem **Port Vell** (Alter Hafen) und der **Plaça de Catalunya** nicht um eine einzige Straße, sondern um gleich fünf verschiedene, ineinander übergehende »Rambles«.

Straßenkünstler und Taschendiebe

Auf dem unteren Abschnitt, der **Rambla de Santa Mònica**, gehen Sie nun stadteinwärts. Zu fast jeder Tages- und Nachtzeit bahnen Sie sich Ihren Weg hier durch eine mehr oder weniger dichte Menschenmenge. Taschendiebe machen sich dieses Gewimmel übrigens gerne zunutze! Wertsachen sollten Sie also stets eng am Körper und nie in den Außentaschen Ihrer Kleidung verwahren,

---

> **Alles im Fluss**
>
> Als Rambla bezeichnete man früher Flussbetten, die nur während der Schneeschmelze Wasser führten, sonst aber wie Straßen benutzt werden konnten. Später bürgerte sich der Begriff allgemein für eine breitere Promenade ein. Rambles finden sich heute in vielen katalanischen und lateinamerikanischen Städten.

---

selbst Kameragurte lassen sich binnen Sekundenbruchteilen durchtrennen. Solange Sie eine gesunde Vorsicht walten lassen, besteht aber kein Grund zu übertriebener Furcht. Achten Sie also nicht nur auf Ihren Geldbeutel, sondern auch auf die Straßenkünstler. Besonders beliebt sind die menschlichen Statuen: Kunstvoll kostümiert stehen die Darsteller regungslos an der quirligen Promenade, etwas Kleingeld lässt die fantasievollen Figuren plötzlich lebendig werden. Gerne kann man sich mit ihnen fotografieren lassen. Folgen Sie weiter den insgesamt 1,2 km langen Rambles. Die rechts der Straße verlaufende Häuserfront gehört bereits zum mittelalterlich geprägten Stadtkern Barcelonas, dem sogenannten Barri Gòtic. Biegen Sie links in den **Carrer Nou de la Rambla** ein – erst hier beginnt der Raval, jenes berühmt-berüchtigte Viertel, durch das dieser Spaziergang führen soll. Linker Hand sehen Sie gleich den **Palau Güell** (Nr. 3–5), der geniale Architekt **Antoni Gaudí** hat dieses Gebäude entworfen. Mehr über den Baumeister und das Bauwerk erfahren Sie beim Spaziergang 5, hier sei nur so viel gesagt: Schon als der Stadtpalast in den 1880er–Jahren gebaut wurde, galt die Nachbarschaft als ziemlich verrufen. Der Bauherr, ein reicher Industrieller, wollte mit seiner Standortwahl ganz bewusst ein Zeichen setzen – und so die Renaissance des Raval einleiten.

Zwischen Schmutz und Schick

Leider war seinem Vorhaben damals nur wenig Erfolg beschieden, der ramponierte Ruf ist dem Viertel bis heute erhalten geblieben. Manchmal mag man das gar nicht mehr verstehen. Wie sehr sich der Raval mittlerweile gewandelt hat, sehen Sie andeutungsweise schon im weiteren Verlauf des **Carrer Nou de la Rambla**: Noch während der 1990er-Jahre warnten manche Reiseführer ihre Leser ganz grundsätzlich vor dem Betreten des gesamten Stadtteils, heute locken Bars, Clubs und Hostels vor allem viele jüngere Besucher an. Biegen Sie schließlich rechts in den Carrer de Sant Olaguer. Über ihn gelangen Sie auf die **Rambla del Raval** 🔟 – hier zeigt der Stadtteil schon sein schönes, schickes, junges Gesicht. Die von Palmen gesäumte Promenade wurde erst im Jahr 2000 eröffnet. Im Vergleich zu ihren großen, gleichnamigen Schwestern, den ebenso lauten wie touristischen Rambles, atmet die Rambla del Raval ein viel entspannteres, stilleres, szenigeres Flair. Sie ist eher ein großzügiger Platz als eine echte Flaniermeile, tagsüber sitzen die Menschen hier einfach in der Sonne, Bistros und Restaurants stellen ihre Tische nach draußen.

Die dicke Katze vom Raval

Ein bei Ausländern wie Einheimischen gleichermaßen beliebtes Lokal ist, direkt rechts am südöstlichen Entree zur Promenade, die schäbigschicke Ambar (Carrer de Sant Pau 77), ihr cooles Publikum besteht vor allem aus Studenten und Skatern. Auf der linken Straßenseite, direkt vor dem skurril-bizarren Bistro Madame Jasmine, steht eine riesige, rundliche bronzene **Katze** – ein Werk von **Fernando Botero Angulo**, das mittlerweile fast zum inoffiziellen Wahrzeichen des gesamten Stadtteils geworden ist. Falls Ihnen die künstlerische Handschrift des Kolumbianers schon irgendwie bekannt vorkommt, sind Sie wahrscheinlich per Flugzeug angereist: Im Terminal B des Aeropuerto de Barcelona befindet sich mit der Skulptur **Caballo** (Pferd) eine weitere übergewichtige Botero-Arbeit. Auch in vielen anderen Städten waren die Objekte des weltbekannten Künstlers bereits zu sehen, u. a. in Bamberg, Berlin und München.

Armenhaus und Nobelherberge

Später bietet Ihnen der Spaziergang noch die Möglichkeit, ausgiebig über die gesamte Länge der Rambla del Raval zu flanieren. Jetzt biegen Sie aber erstmal rechts in den **Carrer de Sant Rafael** ein. Rechter Hand erhebt sich das gläserne Oval des **Barceló Raval** – mit seinen zehn Stockwerken ragt der 2008 eröffnete Hotelturm weit über die übrigen Dächer des Stadtteils hinaus. Schon seine Lobby begrüßt den Gast mit üppigem Designkitsch, auf der Dachterrasse kann man dann lässig Cocktails schlürfen und im Pool plantschen.

Als Symbol der Transformation feiert sich das Vier-Sterne-Hotel selbst, Kritiker bezeichnen es eher als Fremdkörper. Tatsache ist, dass für dieses und weitere Bauprojekte der vergangenen Jahre (neben Hotels sind dies vor allem moderne Apartmentgebäude) einige der heruntergekommensten Häuser des gesamten Stadtteils abgerissen wurden. Doch mit diesen Häusern, deren Abriss an sich nicht weiter zu bedauern wäre, verschwinden auch ihre Bewohner. Traditionell gilt das Viertel El Raval als Bezirk der unterprivilegierten Bevölkerungsschichten, die nun nicht unbedingt zu den Profiteuren seiner Aufwertung gehören: Für sie werden die steigenden Mieten eines Szenestadtteils schnell unbezahlbar. Folgen Sie dem Carrer de Sant Rafael bis an sein Ende, um dann rechts in den Carrer d'En Robador einzubiegen. Hier zeigt sich die Gegend in Ihrer

> **Promibar**
>
> Künstler und Literaten fühlten sich seit jeher zur Halbwelt des Raval hingezogen. Gäste der legendären, bereits 1820 eröffneten Absinth-Bar Marsella (Carrer de Sant Pau 65) waren u. a. Ernest Hemingway, Pablo Picasso und Salvador Dalí. Heute trifft sich hier ein eher alternatives Szenepublikum.

ganzen Widersprüchlichkeit: Fast zu jeder Tages- und Nachtzeit bieten Prostituierte hier ihre Dienste an, oft unter den Augen der Polizei, die aufgrund einer komplexen Gesetzeslage nicht direkt eingreifen, aber immerhin massive Präsenz zeigen kann. Rechts der Straße steht mit der **Filmoteca de Catalunya** ein ebenso brandneuer wie prestigeträchtiger Kulturbau aus viel Beton und Glas.

Folgen Sie nun links dem Carrer de Sant Pau und wieder links dem **Carrer de Junta de Comerç.** An dieser Stelle für Sie noch ein allgemeiner Sicherheitshinweis: Generell gibt es wirklich keinen

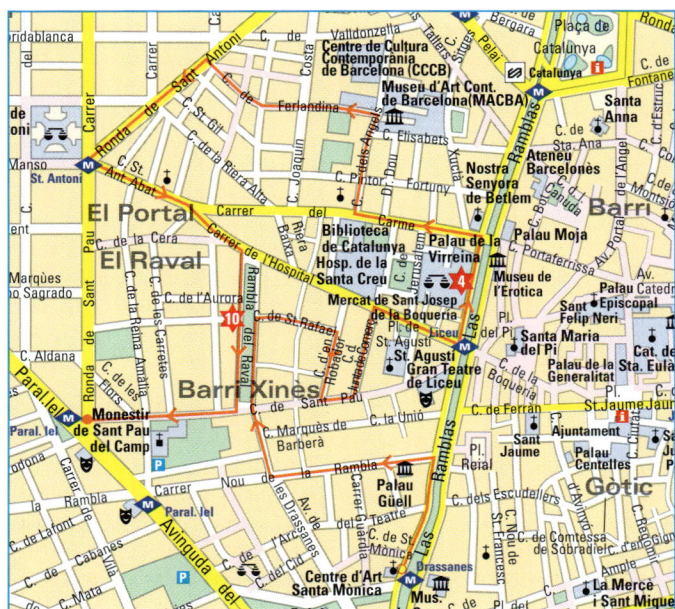

Eigentlich hat »gat gordo«, die dicke Katze vom Raval (▶ S. 118), nur einen Konkurrenten: das Pferd »Caballo« am Flughafen von Barcelona, ebenfalls ein Werk Boteros.

Grund mehr, von einem Streifzug durch den Raval abzuraten. An vielen Orten ist das Viertel mittlerweile sehr sicher, an anderen wirkt es möglicherweise noch etwas zwielichtiger. Klar voneinander abgrenzen lassen sich solche Gebiete natürlich nicht, und die meisten Bewohner oder Besucher der Gegend halten sich hier ohnehin genauso selbstverständlich und unbehelligt auf wie in den anderen Stadtteilen. Vielleicht muss man (und insbesondere frau) ja nachts und ohne Begleitung nicht unbedingt durch jeden entlegenen Winkel gehen – der beste Ratgeber ist da wahrscheinlich Ihr eigenes Bauchgefühl! Sie gelangen jetzt auf den **Carrer de l'Hospital** – und damit auch direkt zum **Antic Hospital de la Santa Creu** (Altes Hospital vom Heiligen Kreuz). Unter den vergleichsweise wenigen mittelalterlichen Bauwerken des Raval gehört dieses Gebäude zu den größten und eindrucksvollsten. Beachten Sie unbedingt die Wasserspeier am Dach! Als Krankenhaus entstand der Komplex ab 1401 – und damit zu einer Zeit, die das Viertel nachhaltig geprägt hat: Ursprünglich lag sein Gebiet außerhalb der Stadt, ihre Verteidigungsmauern verliefen zunächst an Stelle der heutigen Rambles. Erst im späten Mittelalter

> **Berühmter Bau**
>
> Der Klinikkomplex, in den das Hospital de la Santa Creu 1929 umzog, gehört heute selbst zu den bedeutendsten Sehenswürdigkeiten der Stadt: Vom berühmten Modernisme-Architekten Lluís Domenèch i Montaner und seinem Sohn Pere erbaut, wurde er 1997 sogar ins Weltkulturerbe der UNESCO aufgenommen.

Über 3 Mio. Bände sowie bedeutende archivalische Sammlungen hält die Biblioteca de Catalunya (▸ S. 121) bereit, die in einem alten Kloster untergebracht ist.

wurde auch der Raval befestigt, für die damals wachsende Bevölkerung Barcelonas sollten hier neue Arbeits- und Wohngegenden gebaut werden. Doch statt eines weiteren Wachstums erlebte die Stadt erstmal ein Massensterben, im 14. Jh. wurde sie – wie auch weite Teile Spaniens und Europas – vom Schwarzen Tod, der Pest, heimgesucht. Für die Besiedlung des Ravals fehlten nun schlicht die Menschen. Neben dem Krankenhaus baute man deshalb mehrere Klöster, weite Flächen des Viertels wurden weiterhin landwirtschaftlich genutzt. Im Hospital de la Santa Creu kümmerte man sich schließlich fast ein halbes Jahrtausend lang um kranke Menschen. Erst 1929 zog die Klinik in einen Neubau, der alte Komplex dient heute als Sitz für die **Biblioteca de Catalunya** (Katalanische Nationalbibliothek) und einige weitere Kulturinstitutionen.

Touristischer Hotspot

Gehen Sie rechts in den **Carrer de l'Hospital**. Bars, Cafés, Souvenirläden – die Gegend wird wieder touristischer. Tatsächlich sind Sie bald zurück auf den Rambles, genauer gesagt auf den Schnittpunkten der **Rambla dels Caputxins** und der **Rambla de Sant Josep** (die übrigens beide nach Klöstern bzw. Konventen benannt wurden). Wieder die Rambles! Nein, sie zählen nicht mehr zu den edelsten Winkeln der Stadt. Zwar blitzt an vielen Stellen hartnäckig die nostalgische Schönheit vergangener Zeiten auf, etwa am **Mercat de Sant Josep de la Boquería** 🔶, der meistens einfach nur La Boquería genannt wird (▸ Spaziergang 4). Doch statt Charme bietet die Meile jetzt immer mehr Spektakel. Sie ist zu einem touristischen Hotspot geworden, viele Barcelonesen beobachten ihre Entwicklung mit Ärger und Sorge. Denn auch so etwas gehört zum (nächtlichen) Alltag auf den Rambles: Dealer, die offen ihre Drogen verkaufen. Prostituierte, die ihre Kunden hier anwerben und ungeniert in einer der Nebenstraßen bedienen. Touristen, die betrunken und grölend in die Gassen des Raval strömen. Achten Sie während des weiteren Spaziergangs immer mal wieder auf die Fassaden der einfachen Wohnhäuser. Vielleicht sehen Sie an manchen Balkonen oder Fenstern ein weißes Schild mit schwarzer Aufschrift. »VOLEM UN BARRI DIGNE!!« (WIR WOLLEN EIN WÜRDIGES VIERTEL!!) – lautet die fast schon verzweifelte Forderung vieler Einwohner.

Hinter dem Mercat de Sant Josep de la Boquería führt der Spaziergang nun links in den **Carrer del Carme**. Auf der linken Seite dieser Straße erkennen Sie bald das Antic Hospital de la Santa Creu wieder. Gehen Sie – weiter geradeaus – noch ein paar Schritte an dem historischen Krankenhauskomplex entlang, um dann rechts in den **Carrer dels Àngeles** zu wechseln.

Postmodernes Raumschiff

Bald scheint es, als hätten Sie einen anderen Stadtteil erreicht – mit etwas Abstand zu den Rambles zeigt sich der Raval erneut von seiner szenigen Seite. Sie gelangen zur **Plaça dels Angels**, hinter der ein riesiges, postmodernes Gebäude grell in der Sonne leuchtet. Das **Museu d'Art Contemporani de Barcelona** (Städtisches Museum für zeitgenössische Kunst, normalerweise einfach nur MACBA genannt) kann schon als Pionier des neuen Raval gelten: Von US-Architekt **Richard Meier** ab Mitte der 1980er-Jahre geplant, wurde es 1995 fertiggestellt. Flanieren Sie über den Vorplatz des Museums (auf dem Skater übrigens oft für ohrenbetäubenden Lärm sorgen), um sich so ein Bild des spektakulären Bauwerks machen zu können. Weite Fensterfronten, die Fassade ansonsten schneeweiß, makellos wie sonst nichts im Viertel – auf viele Nachbarn muss das MACBA bei seiner Eröffnung wie ein Raumschiff aus einer anderen Welt gewirkt haben.

Auch im Inneren setzt sich dieser Eindruck fort. Statt Treppen leiten lange Rampen in die oberen Stockwerke, mit dem Platz wird sehr großzügig umgegangen, zwischen den Objekten (vor allem katalanische und spanische, teilweise aber auch internationale Arbeiten) kommt immer wieder das Bauwerk selbst zur Geltung. Das MACBA verfügt über eine eigene Sammlung, die aus rund 5000 Werken, u.a. von **Antoni Tapiès**, **Francesc Torres**, **Pablo Picasso** oder **Zush**, besteht. Dabei versteht es sich längst nicht nur als Ort des Kulturkonsums, sondern genauso als lebendiges Kulturforum, also als Ort des Austauschs, des Gesprächs und der Begegnung. Dass sich zeitgenössische Kunst nicht nur Kennern mit Hochschulabschluss vermitteln lässt, beweisen beispielsweise spezielle Führungen und Programme für Kinder im Kindergarten- und Grundschulalter.

Stadt(teil)grenzen im Szeneviertel

Beim Verlassen des Museums wenden Sie sich nach rechts, um dort dem **Carrer de Ferlandina** zu folgen. Wie stark das MACBA seine Nachbarschaft mittlerweile geprägt hat, sehen Sie u.a. auf der linken Straßenseite: Mehrere dezent-schicke Lokale (etwa das Restaurant Pla dels Àngels, Nr. 23) locken Künstler, Studenten und weiteres Szenevolk an. Auf Ihrem Weg durch den eher alternativen Teil des Viertels passieren Sie nun auch Ateliers, Boutiquen, Yogastudios und Tätowierstuben. Folgen Sie dem Carrer de la Ferlandina bis zu seinem Ende. Sie gelangen auf die kleine Plaça Pes de la Palla und nach ihrer Überquerung zur **Ronda de Sant Antoni**. Heute markiert diese vierspurige Straße nur noch die Grenze zwischen den Stadtteilen Raval und Eixample. Doch genau hier, an Stelle der Ronda de Sant Antoni, standen mehr als ein halbes Jahrtausend lang die mittelalterlichen, aus dem 14. Jh. stammenden Mauern der Stadt. Erst gegen Mitte des 19. Jh. riss man die historischen Befestigungsbollwerke endlich ein – und begann dann, das hinter ihnen liegende Brach- und Weideland zu besiedeln.

Bis 2009 war die Ronda de Sant Antoni eine stark befahrene Hauptverkehrsstraße, dann wurde sie vorübergehend gesperrt. Mitten auf der Fahrbahn stehen jetzt zwei Markthallen – Provisorien, die die Händler des riesigen **Mercat de Sant Antoni** beherbergen. Noch bis mindestens 2016 wird dieser größte Markt der ganzen Stadt saniert

> ### Kulturcluster
>
> Direkt hinter dem MACBA befindet sich das Centre de Cultura Contemporània de Barcelona (Zentrum für zeitgenössische Kunst Barcelonas). Auch dieses kurz CCCB genannte Forum macht immer wieder durch spektakuläre Ausstellungen, Inszenierungen und Vorträge von sich reden.

Ein Aha-Erlebnis, wenn man aus den engen Gassen des Raval tritt: der beeindruckende Bau des Museu d'Art Contemporani de Barcelona (▶ S. 122) von Richard Meier.

(mehr dazu siehe Spaziergang 4). Biegen Sie links in die Ronda de Sant Antoni ein, hinter der zweiten Halle sehen Sie rechts sein im Jahr 1882 erbautes Gebäude. Auf der linken Straßenseite gehen Sie gleich am Els Tres Tombs vorbei. Weder durch ihr Ambiente, noch durch ihr Angebot weiß diese Bar/Cafetería/Cervecería wirklich zu überzeugen. Als Absacker-Lokal ist sie trotzdem zu einer geradezu legendären Institution im Nachtleben des Raval geworden. Mit ihrer großen Fensterfront und einer schönen Außenterrasse eignet sie sich außerdem hervorragend, um bei einem Kaffee den geschäftigen Alltag der Metropole zu beobachten – anders als an den Rambles werden Sie hier nur wenige Touristen zu sehen bekommen.

Willkommen in Klein-Pakistan!

Direkt hinter dem Els Tres Tombs biegen Sie links in den **Carrer de Sant Antoni Abat** ein. Asiatisch und afrikanisch geprägte Geschäfte und Restaurants säumen diese Straße. Der Raval gilt traditionell auch als klassische Wohngegend für Immigranten, fast die Hälfte seiner Bewohner wurde außerhalb Spaniens geboren. Vor allem ist er Heimat einer größeren pakistanischen Gemeinde, viele Menschen aus Südamerika und aus Osteuropa leben ebenfalls hier. Und dann sind da natürlich noch die – meistens jungen – Leute aus Westeuropa und Nordamerika.

Gewiss, sie kommen aus ganz anderen Gründen. Nicht, wie die anderen, wie Pakistaner oder Rumänen, aus wirtschaftlicher Not. Nicht, weil ihnen daheim eine echte Perspektive fehlen würde. Nein, sie kommen, um sich selbst zu verwirklichen, um den Traum von einem noch besseren Leben wahr werden zu lassen, der Sonne und der Stadt wegen. Viele bleiben nur für Wochen oder Monate, andere für Jahre, einige sogar ein Leben lang …

Mix der (Sub-)Kulturen

Auch diese etwas andere Art von Zuwanderern lässt sich mit Vorliebe im Raval nieder. Diese sogenannte Expat-Community hat sogar ihre eigenen Anlaufstellen – bestimmte Bars, die Sprachschulen, Haarsalons mit englischen Friseuren. Fast kann man den Eindruck gewinnen, dass manche Expats lieber in einer Art Parallelwelt leben wollen. Doch tatsächlich mischen sich die (Sub-)Kulturen im Szeneviertel zwischen Rambles und Ronda de Sant Antoni (bzw. weiter südlich: Ronda de Sant Pau) so stark wie sonst nirgendwo.

Am Ende des **Carrer de Sant Antoni Abat** gehen Sie halbrechts in den Carrer de l'Hospital und gelangen so zurück auf die **Rambla del Raval**, dieses Mal an ihr nordwestliches Entree. Ihre Entstehungsgeschichte unterstreicht, wie sehr und vor allem wie lange man die gesamte Gegend vernachlässigt hat. Andernorts entwickelt sich Barcelona oft

---

Film ab!

Jüngster Zugang der namhaften Kulturinstitutionen im Raval: 2012 eröffnete die Filmoteca de Catalunya ihren Neubau an der Plaça de Salvador Seguí (Nr. 1–9, direkt neben der Rambla del Raval). Sie veranstaltet Festivals und zeigt auch sonst Filme aus aller Welt, oft im Original mit Untertiteln.

Ein kleiner Künstlermarkt, der Mercat Raval (▶ S. 125), bietet samstags und sonntags auf der Rambla del Raval allerlei Handgearbeitetes in großer Vielfalt an.

in beeindruckender, manchmal sogar beängstigender Geschwindigkeit. Beispielsweise wurden für die Olympischen Spiele von 1992 binnen weniger Jahre ganze Stadtteile generalüberholt. Nur im Raval dauert alles etwas länger. Bereits in den 1850er-Jahren wollte der Stadtplaner **Ildefons Cerdà** hier eine Promenade erschaffen. Er hatte verstanden, dass sich das damals rettungslos überbevölkerte Viertel nach einer neuen Großzügigkeit sehnte. Aufgegriffen wurde das Projekt dann stolze einundeinhalb Jahrhunderte später – den Beschluss, die Rambla del Raval anzulegen, verabschiedete die Stadtverwaltung erst 1995!

Viel Platz – aber für wen?

Nutzen Sie nun die Gelegenheit, auf der Promenade entlangzuflanieren. Wenn Sie am Wochenende unterwegs sind, stehen dort viele kleine Marktstände – der **Mercat Raval** bietet samstags und sonntags Arbeiten von Designern, Künstlern, Kunsthandwerkern und Modeschöpfern, oft betätigen sich die kreativen Hersteller selbst als Verkäufer. Ohne Zweifel, die Rambla del Raval ist zu einem wichtigen Treffpunkt für den Stadtteil geworden. Und gleichzeitig auch zu einem Zankapfel. Wie soll man ihre Fläche sinnvoll nutzen? Dass sie sich hervorragend als Schauplatz für Ausstellungen, Kinovorführungen und Konzerte eignet, haben rührige Organisatoren bewiesen. Einerseits bereichern solche Events das Viertel, andererseits fühlen sich die Nachbarn immer mehr gestört. An dieser Stelle zwar ausnahmsweise mal nicht von Prostituierten und Partytouristen. Aber auch kulturell hochwertige Veranstaltungen machen Lärm – und wurden zuletzt sogar verboten.

Regelrecht winzig wirkt das Monasterio Sant Pau del Camp (▶ S. 126). Durch seinen romanischen Baustil unterscheidet es sich von vielen historischen Bauten der Stadt.

Noch einmal passieren Sie den Hotelturm des Barceló Raval und die im Volksmund liebevoll-spöttisch »gat gordo« (dicke Katze) genannte Skulptur von Fernando Botero Angulo. Schließlich gehen Sie nach rechts in den **Carrer de Sant Pau**. Erst rücken die Wände zu beiden Seiten der schmalen Gasse eng aneinander, dann erreichen Sie plötzlich einen Ort, den man wohl kaum im Raval erwartet hätte. Auf einem abgezäunten, mit Bäumen und Büschen bewachsenen Gelände steht das **Monasterio Sant Pau del Camp** (Kloster des Heiligen Paulus auf den Feldern/auf dem Land). Schon der Name lässt vermuten, dass es sich um ein ganz besonders altes Gebäude handelt: Als es, wahrscheinlich im 8. Jh., erbaut wurde, befand sich sein Standort weit vor den Toren der Stadt. Im Jahr 985 wurde das Kloster bei einem maurischen Angriff fast vollständig zerstört, dann wieder aufgebaut. Mehr als ein Jahrtausend lang arbeiteten, beteten und lebten Mönche im Konvent, erst 1835 mussten sie ihn endgültig verlassen – die Ordensmänner flohen damals vor einem Volksaufstand, der ganz Barcelona ergriffen hatte. Aufständische erstürmten die Klöster des Raval, sie legten Feuer, viele Gebäude brannten nieder.

Stille Oase aus alter Zeit

Nur das Monasterio Sant Pau del Camp blieb weitgehend unbeschadet, ging aber in den Besitz des spanischen Staats über. Heute werden im romanischen Bau wieder Messen gefeiert, eine Besichtigung ist ebenfalls möglich.
Folgen Sie noch eine Weile dem Carrer de Sant Pau, der schließlich auf die Ronda de Sant Pau und links zur Metrostation Paral·lel führt.

SEHENSWERTES

Antic Hospital de la Santa Creu ▸ S. 150, A 21

Das mittelalterliche Krankenhausgebäude dient heute als Sitz der Katalanischen Nationalbibliothek – und kann während deren Öffnungszeiten besichtig werden.

C. de l'Hospital • Metro: Liceu • Tel. 9 32 70 23 00 • www.bcn.cat • Mo–Fr 9–20, Sa 9–14 Uhr

Monasterio Sant Pau del Camp ▸ S. 149, F 17

Weit vor der damaligen Stadtmauer wurde dieses romanische Kloster wohl schon im 8. Jh. erbaut. Der – heute als Altstadtviertel geltende – Raval entstand erst mehr als ein halbes Jahrtausend später.

C. de Sant Pau 101 • Metro: Paral·lel • Tel. 9 34 41 00 01 • www.webs.ono. com/santpaudelcamp/index.htm • Messen u. a. Sa 20, Do 12 Uhr, Besichtigung Mo–Sa 10–13.30 und 16–19.30 Uhr • Eintritt 3 €

Museu d'Art Contemporani de Barcelona (MACBA) ▸ S. 146, A 16

Wo Wandel zum Prinzip wird: Das städtische Museum für zeitgenössische Kunst zeigt nur Wechselausstellungen – und hat die Aufwertung seiner Nachbarschaft stark befruchtet.

Pl. dels Àngels • Metro: Liceu, Universitat • Tel. 9 02 88 49 90 • www.macba. cat • Mo, Mi–Fr 11–19.30, Sa 10–20, So, feiertags 10–15, im Sommer Mo, Mi–Do 11–20, Fr 11–22 Uhr, Sa 10–22, So, feiertags 10–15 Uhr, 25. Dez., 1. Juni geschl. • Eintritt 8 €, erm 6 €, für Kinder und Senioren Eintritt frei

ESSEN UND TRINKEN

Africa TaMaranE ▸ S. 146, B 14

Köstliche Spezialitäten aus Sierra Leone in einer winzigen Nebenstraße der Rambla del Raval.

C. de la Riereta • Metro: Liceu, Paral·lel • Tel. 9 34 42 80 89 • www.africa tamarane.com • Di–Do 12–1, Fr, Sa 12–3, So 12–24 Uhr • €

AM ABEND

London Bar ▸ S. 150, A 22

Wie auch die nahe Marsella Bar ein legendäres Lokal, in dem sich schon die Boheme des frühen 20. Jh. getroffen hat.

C. Nou de la Rambla 34 • Metro: Drassanes • Tel. 9 33 18 52 61 • Di–So 19– 1 Uhr

Madame Jasmine ▸ S. 150, A 21

Schon wegen des schrägen Interieurs lohnt der Besuch dieser kleinen, von außen eher unscheinbaren Bar.

Rambla del Raval 22 • Metro: Liceu, Paral·lel • Tel. 6 07 88 04 43 • Mo 17–2.30, Do, Fr 13.30–3, Sa, So 13.30–2.30 Uhr

Reisepraktisches von A–Z

Hier finden Sie nützliche Informationen und Hoteladressen für einen rundum gelungenen Aufenthalt in Barcelona: Anreise • Articket • Auskunft • Barcelona Card • Buchtipps • Feiertage • Hotels • Internet • Medizinische Versorgung • Notruf • Post • Reisedokumente • Reiseknigge • Reisezeit • Stadtrundfahrten • Telefon • Trinkgeld • Verkehr • Zoll

◄ Katalanisch überall: Brotverkaufs-stand mit Beschilderung der Ware in katalanischer Sprache.

> **AMTSSPRACHE:** Spanisch und Katalanisch
> **BEVÖLKERUNG:** Neben Spaniern rund 300 000 Einwanderer, v. a. aus Südamerika und Italien
> **EINWOHNER:** 1,7 Mio.
> **FLÄCHE:** 99 qkm
> **INTERNET:** www.barcelona.cat
> **RELIGION:** 90 % römisch-katho-lisch, 6 % Muslime, 3 % andere
> **VERWALTUNG:** 10 Distrikte
> **WÄHRUNG:** Euro

ANREISE

MIT DEM AUTO

Die Anreise aus Deutschland erfolgt durch Ostfrankreich Richtung Lyon, weiter geht es über Orange, Mont-pellier, Perpignan, die französisch-spanische Grenze bei La Jonquera, dann noch 160 km weiter südwärts bis Barcelona. Schweizer und Süd-westdeutsche fahren über Basel (oder Zürich) nach Bern und Genf, dann weiter über die französische Autobahn (Lyon) bis La Jonquera. Für Bayern und Österreicher kann unter Umständen die Anreise über Norditalien günstiger sein. Die Auto-bahnen in Frankreich und Kataloni-en sind hervorragend ausgebaut, es werden aber ziemlich hohe Auto-bahngebühren erhoben.
Für eine Autofahrt von Frankfurt nach Barcelona sollte man zwei Tage einkalkulieren. Die Tour mit dem ei-genen Wagen in die Innenstadt Bar-celonas gerät gerade im morgendli-chen und abendlichen Berufsverkehr leicht zu einer Nervenstrapaze, der man sich nicht ohne Not aussetzen sollte. Wer unbedingt mit dem Auto hinein ins Zentrum muss, studiere vorher die Route sehr genau und be-denke, dass einige Hinweisschilder in katalanischer Sprache beschriftet sind. Weitaus bequemer ist es, das Auto möglichst sicher außerhalb der Stadt zu parken und mit der Metro oder der S-Bahn ins Zentrum zu fahren.

MIT DEM BUS

Mehrere Unternehmen bieten Bus-reisen ab Deutschland an die Costa Brava oder nach Barcelona an. Der-artige Busreisen sind relativ billig, aber auch mit enormen Unbequem-lichkeiten verbunden. Eine Fahrt mit dem Europabus beispielsweise von Frankfurt nach Barcelona dauert mindestens 20 Stunden. Endstation in der katalanischen Hauptstadt ist der Busbahnhof neben dem Bahn-hof Sants (Metro-Anschluss).
Buchung und Information bei der Deutsche Touring GmbH (Am Rö-merhof 17, 60486 Frankfurt; Tel. 0 69/7 90 32 42). Buchung in Barce-lona bei Eurolines (Estació de Sants); Tel. 9 34 90 40 00 und 9 33 42 51 80.

MIT DEM FLUGZEUG

Die spanische Fluglinie IBERIA so-wie die Lufthansa unterhalten täg-lich ab deutschen Flughäfen Direkt-flüge nach Barcelona. Preislich be-sonders günstig sind spezielle Wo-chenendarrangements. Zudem wird Barcelona inzwischen von verschie-denen Low-Cost-Fluggesellschaften wie beispielsweise Easyjet (www.easyjet.com), Air Berlin (www.air berlin.com), Tuifly (www.tuifly.com), Ryanair (www.ryanair.com), Vueling (www.vueling.com) oder Germanwings (www.germanwings.com) angeflogen.

Eine Anreise per Flugzeug empfiehlt sich v. a. für jene, die wenig Zeit mitbringen und Barcelona im Rahmen eines Kurzurlaubs erleben wollen. Wochenendarrangements, Kulturreisen oder Kurz-Trips nach Barcelona bietet: IBERO TOURS (Immermannstr. 23, 40210 Düsseldorf, Tel. 02 11/8 64 15 20, www.iberotours.de). Der moderne, 2009 erweiterte Flughafen Barcelona (Aeropuerto de Barcelona bzw. El Prat) ist nach Madrid-Barajas der zweitgrößte Spaniens und liegt südwestlich der Stadt, rund 20 Autominuten vom Zentrum entfernt. Dorthin gelangt man für rund 30 € per Taxi oder für 5,65 € (9,75 € hin und zurück) mit dem Aerobus. Er verbindet von 6 bis 24 Uhr alle 20 Min. den Flughafen mit der Plaça de Catalunya (Metro-Anschluss) im Stadtzentrum. Die Fahrt mit dem behindertengerecht eingerichteten Bus dauert etwa 30 Min. (Info-Tel. 9 34 15 60 20, www. aerobusbcn.com). Achtung: Der Terminal T 2 und der im Juni 2009 eingeweihte Terminal T 1 liegen recht weit auseinander. Versichern Sie sich vor Ihrem Rückflug unbedingt, ob Sie von T 1 oder T 2 abfliegen. Wenn Sie sich zum falschen Terminal begeben, verlieren Sie viel kostbare Zeit.

Auf www.atmosfair.de und www. myclimate.org kann jeder Reisende durch eine Spende für Klimaschutzprojekte für die CO_2-Emission seines Fluges aufkommen.

MIT DEM ZUG

Die Anreise nach Barcelona per Zug ist ausgesprochen umständlich und langwierig. Durchgehende Züge gibt es derzeit nur während der Sommermonate ab Paris, Zürich und Mailand, nicht aber ab deutschen Städten. Die Bahnfahrt von Deutschland über Paris oder Zürich nach Barcelona dauert mindestens 14 Std. Bei manchen Zügen (außer dem Talgo) muss man an der spanischen Grenze umsteigen. Die Ankunft in Barcelona erfolgt an der Estació de Sants.

ARTICKET

Mit dem Articket erhalten Sie freien Eintritt in die sieben bedeutendsten Museen Barcelonas (CCCB, Fundació Antoni Tàpies, Fundació Caixa Catalunya, Fundació Joan Miró, MNAC, MACBA und Museu Picasso). Es ist 3 Monate lang gültig und kostet 28,50 €. Erhältlich bei den genannten Museen, bei Barcelona Turisme (▸ S. 130) oder unter http:// bcnshop.barcelonaturisme.com.

AUSKUNFT

IN DEUTSCHLAND, ÖSTERREICH UND DER SCHWEIZ
Turespaña
– Litzenburger Str. 99, 10707 Berlin • Tel. 0 30/8 82 65 43 • www.spain. info/de/tourspain
– Walfischgasse 8, 1010 Wien • Tel. 08 10/24 24 08 • www.spain. info/at/tourspain
– Seefeldstr. 19, 8008 Zürich • Tel. 0 44/2 53 60 50 • www.spain. info/ch/tourspain

IN BARCELONA
Barcelona Turisme
www.barcelonaturisme.com
– Ciutat Vella • Plaça de Catalunya 17 • Metro: Catalunya • Tel. 9 32 85 38 34 • tgl. 9–21 Uhr ▸ S. 146, B 16
– Sants-Montjuïc • Estació de Sants (Bahnhof), Pl. dels Països Catalans s/n • Mo–Fr 8–20, Sa, So 8–14 Uhr
▸ S. 145, D 11

– Aeroport del Prat, Terminal T1 und T2 B • tgl. 9–21 Uhr ▸ S. 115, b 3

BARCELONA CARD

Wer mehrere Tage in der Stadt verbringt und sich viele Sehenswürdigkeiten und Museen anschauen will, profitiert von der Barcelona Card in jedem Fall. Sie gewährt freien bzw. reduzierten Eintritt in zahlreiche Sehenswürdigkeiten und Museen sowie Vergünstigungen in bestimmten Geschäften, Restaurants, Bars, Jugendstil-Gebäuden, Parkhäusern und Unterhaltungszentren. Außerdem ermöglicht sie die kostenlose Nutzung der öffentlichen Verkehrsmittel.

Die Barcelona Card kostet im Onlineshop zwischen 26,10 € (1 Tag) und 42,30 € (5 Tage). Erhältlich ist die praktische Karte bei www.barcelonaturisme.com sowie in Deutschland bei www.dertour.de.

BUCHTIPPS

Merten Worthmann: Gebrauchsanweisung für Barcelona (Piper Verlag, 2006) Auf ebenso amüsante wie hintergründige Weise werden die Besonderheiten der katalanischen Metropole und ihrer Einwohner vorgestellt. Das humorvoll geschriebene Buch beleuchtet die Lebensart sowie die Vorlieben der Katalanen.

Manuel Vázquez Montalban: Die Einsamkeit des Managers (Piper Verlag, 2001) Dieses Werk des bereits im Jahr 2003 verstorbenen Autors ist nur auf den ersten Blick ein Kriminalroman. Der Leser erfährt viel Hintergründiges über die Vorlieben, Interessen, Stärken und Schwächen der Bevölkerung Barcelonas. Ein spannendes Gesellschaftsbild der beliebten Metropole.

Carlos Ruis Zafón: Der Schatten des Windes (Suhrkamp Taschenbuch, 2005) Der Leser nimmt teil an der abenteuerlichen Suche eines jungen Mannes nach einem geheimnisvollen Buch im Barcelona der Franco-Zeit. Der Autor Carlos Ruis Zafón ist selbst in Barcelona geboren und aufgewachsen.

Peter Abegg und Jürgen Enders: Kataloniens Weine (Verlag Hispa-Guide, 2007) Die beiden Autoren befassen sich mit Weinen bzw. Cavas der Region und geben einen aktuellen, fundierten Überblick mit nützlichen Kontaktadressen und hintergründigen Erläuterungen.

DIPLOMATISCHE VERTRETUNGEN

Generalkonsulat Deutschlands
▸ S. 146, B 14

Eixample • Edificio Europa, 11. Etage, Pg. de Gràcia 111/Ecke Diagonal, 08008 Barcelona • Tel. 9 32 92 10 00 • www.barcelona.diplo.de • Publikumsverkehr nach Terminvereinbarung

Honorarkonsulat Österreichs
▸ S. 146, A 13

Gràcia • C. de Marià Cubi 7, 08006 Barcelona • Tel. 9 34 15 16 25 • Mo, Mi, Fr 10–12 Uhr

Generalkonsulat der Schweiz
▸ S. 140, C 4

Sarrià-Sant Gervasi • Gran Via de Carlos III 94, 08028 Barcelona • Tel. 9 34 09 06 50 • Mo–Fr 9.30–12.30 Uhr

FEIERTAGE

1. Jan. Cap d'Any (Neujahr)
6. Jan. Día de Reis (Heilige Drei Könige)
Viernes Santo (Karfreitag)
Lunes de Pascua (Ostermontag)
23. April Sant Jordi

1. Mai Día del Trebal (Tag der Arbeit)
Lunes de Pascua Granada (Pfingstmontag)
24. Juni Sant Joan
15. Aug. L'Assumpció (Mariä Himmelfahrt)
11. Sept. La Diada (katalanischer Nationalfeiertag)
24. Sept. La Mercé (Stadtfest)
12. Okt. Día de la Hispanidad (Tag der Entdeckung Amerikas)
1. Nov. Día de Tots Sant (Allerheiligen)
6. Dez. Tag der Verfassung
8. Dez. Día de la Immaculada (Unbefleckte Empfängnis)
25./26. Dez. Nadal (Weihnachten)

GELD

An den Geldautomaten der Banken (»cajeros automáticos«) erhält man mit der EC- oder Kreditkarte bequem Bargeld. Banken sind meist nur vormittags geöffnet. Gängige Kreditkarten (Amex, Diners, Master, Visa) werden in fast allen gehobenen Hotels, Lokalen und Läden akzeptiert.

HOTELS

Preise für ein Doppelzimmer mit Frühstück:

€€€€ ab 200 €	€€ ab 80 €
€€€ ab 110 €	€ bis 80 €

HOTELS €€€€
Arts
► S. 151, E 23

Für höchste Ansprüche • Fünf Sterne, Luxus in einem avantgardistisch gestalteten Hochhausturm direkt am Port Olímpic. Beliebt bei Prominenz, Stars und Sternchen, vermögenden Moguln aus Industrie, Wirtschaft und Kultur. Man genießt einen grandiosen Ausblick auf das Meer.
Sant Martí • C. de la Marina 19–21 • Metro: Ciutadella-Vila Olímpica (d 3) • Tel. 9 32 21 10 00 • www.hotelarts barcelona.com • 482 Zimmer und Apartments • ♿ • €€€€

HOTELS €€€
Banys Orientals
► Klappe hinten, e 5

Geschmackvolles Ambiente • Bei der gotischen Kirche Santa María del Mar gelegenes, stilvolles Haus von historischem Rang, fantasievoll und modern restauriert. Nüchtern und praktisch eingerichtete Zimmer mit angenehm großen Betten, dazu gibt es modern gestylte, ein wenig klein geratene Bäder. Kostenloser Internetzugang. Im Erdgeschoss logiert das traditionsreiche Restaurant Señor Parellada.
Ciutat Vella • C. Argentería 37 • Metro: Jaume I (c 3) • Tel. 9 32 68 84 60 • www.hotelbanysorientals.com • 43 Zimmer • €€€

Gaudí
► Klappe hinten, c 5

Funktional und praktisch • Drei Sterne; saubere, zweckmäßig eingerichtete Zimmer ohne besondere Extras. Das Haus verfügt über Restaurant und Bar. Rund ums Jahr bei Besuchern beliebt, im Sommer sollte man besser vorab reservieren.
Ciutat Vella • C. Nou de la Rambla 12 • Metro: Liceu (c 3) • Tel. 9 33 17 90 32 • www.hotelgaudi.es • 73 Zimmer • ♿ • €€€

Medicis
► S. 147, F 14

Nahe der Sagrada Família • Das Haus gehört zur Medium-Hotelkette und hat zwei Sterne. Gutes Mittelklasseniveau und günstige Lage am

Rand des quirligen Zentrums an einer relativ ruhigen Kreuzung. Moderne, zweckmäßige Einrichtung. Alle Zimmer sind mit Safe, Klimaanlage, Heizung, TV, Haartrockner und Wäscheservice ausgestattet. Parkplätze vorhanden. Keine besonderen Extras, aber sauber und korrekter Service. Professionelle Leitung, vergünstigte Preise in der Nebensaison.
Gràcia • C. de Castillejos 340 • Metro: Hospital de Sant Pau (d 2) • Tel. 9 34 50 00 53 • www.medicis-hotel.com• 29 Zimmer • €€€

Racó del Pi   ▶ Klappe hinten, d 4

Schöner Innenhof • Hotel in einem denkmalgeschützten Haus in der Altstadt. Die historische Fassade ist gut erhalten. Zimmer mit Bad, Telefon, Minibar, Klimaanlage, Safe. Die Suiten verfügen über einen Jacuzzi; Internetzugang. Einige der Zimmer haben einen kleinen Balkon und Sicht auf die Straße, andere reihen sich um einen Innenhof, den die Gäste des Hauses im Sommer nutzen dürfen.
Ciutat Vella • C. del Pi 7 • Metro: Liceu (c 3) • Tel. 9 33 42 61 90 • www.hotel racodelpi.com • 37 Zimmer • ♿ • €€€

HOTELS €€
Astoria   ▶ S. 146, A 14

Moderne Ausstattung • Günstige Lage im oberen Eixample-Viertel in der Nähe mehrerer Bürgerhäuser im Modernisme-Stil. Drei Sterne. Überzeugende Verbindung von Komfort und gediegener Atmosphäre. Eigener Parkplatz, mit Bar und angeschlossenem Restaurant. Etwas teures, aber opulentes Frühstück. Das Hotel gehört zur renommierten Derby-Kette.

Eixample • C. Paris 203 • Metro: Diagonal (c 2) • Tel. 9 32 09 83 11 und 9 32 00 39 54 • www.derbyhotels. com • 114 Zimmer • €€

Sant Agustí   ▶ Klappe hinten, c 4

Ehemaliges Kloster • Angeblich das älteste Hotel Barcelonas (von 1840) in der Altstadt, Steinwände und Balkendecken im Innern wurden vorbildlich konserviert. Unterschiedlich geschnittene Zimmer, alle mit Klimaanlage, TV, Bad, manche gar mit Balkon. Internetanschluss in der Halle. Das Frühstück wird in einem hellen Salon mit schönem Blick auf den Platz gereicht. Drei Sterne.
Ciutat Vella • Pl. Sant Agustí 3 • Metro: Liceu (c 3) • Tel. 9 33 18 16 58 • www.hotelsa.com • 77 Zimmer • ♿ • €€

Suizo   ▶ Klappe hinten, d/e 5

Tolle Lage in der Altstadt • 200 m von der Kathedrale entfernt und in einem historischen Gebäude untergebracht. Hinreichend komfortabel ausgestattete Räume mit Aircondition, TV, Heizung etc. Ansonsten keine besonderen Extras. Cafeteria, Snackbar, freundliches Personal. Gelegentlich besonders günstige Sonderangebote. Drei Sterne.
Ciutat Vella • Pl. del Ángel 12 • Metro: Jaume I (c 3) • Tel. 9 33 10 61 08 • www.hotelsuizo.com • 65 Zimmer • €€

HOTELS €
Fontanella   ▶ Klappe hinten, e 3

In Familienbesitz • Freundliches Hostal, das bereits seit 1945 besteht; eingerichtet in einem Jugendstilgebäude von 1881. Zentrale Altstadtlage. Saubere, geräumige, meist eher schlicht ausgestattete Zimmer, einige jedoch mit antikem Mobiliar. Alle Zimmer verfügen über TV. Ein Wäscheservice wird ebenfalls vom Hotel angeboten.

Ciutat Vella • Vía Laietana/Ecke C. Fontanella 71, 2. Etage • Metro: Urquinaona (c 3) • Tel. 9 33 17 59 43 • www.hostalfontanella.com • 15 Zimmer • €

INTERNET

www.barcelonaturisme.com
Offizielle Seite der Tourismus-Behörde. Praktisch, aktuell und zuverlässig; Hotelbuchungen sind ebenfalls möglich (auch Englisch).

www.bcn-guide.com
Touristischer Führer zu diversen Themen (auch in Englisch).

www.barcelona.es
Die offizielle Web-Adresse der Stadt. Komplexe, vielfältige Informationen (auch Englisch).

www.tmb.cat
Website der öffentlichen Verkehrsbetriebe (mit Metroplan).

www.barcelona-stadtgaenge.de
Verschiedene geführte Spaziergänge durch die Stadt; auf Deutsch.

www.tapastoursbarcelona.com
Organisierter Rundgang zu empfehlenswerten Bars und Tapa-Lokalen. Auch in Deutsch.

www.apartmentsbcn.net
Anbieter von Apartments im Stadtzentrum Barcelonas.

KLEIDUNG

In den Sommermonaten empfiehlt sich die Mitnahme von luftiger Kleidung und leichten, bequemen Schuhen. Im Herbst und Frühling kann es bisweilen regnerisch werden. Dann ist es ratsam, Schal, warme Kleidung und einen Regenschutz mit im Gepäck zu haben.

MEDIZINISCHE VERSORGUNG
KRANKENVERSICHERUNG

Die Vorlage einer Europäischen Krankenversicherungskarte (EHIC) ist ausreichend. Als zusätzlicher Versicherungsschutz empfiehlt sich der Abschluss einer Auslandskrankenversicherung, da diese Krankenrücktransporte mitversichert.

KRANKENHAUS
Hospital de la Creu Roja

▸ S. 147, F 14

El Guinardó • C. dos de Maig 301 • Metro: Hospital de Sant Pau (d 2) • Tel. 9 35 07 27 00

APOTHEKEN

Apotheken sind Mo–Fr 9–13 und 16–20, Sa von 9–13.30 Uhr geöffnet.

Farmacía Internacional

▸ Klappe hinten, d 1

Eixample • C. Consell de Cent 312 (Ecke Pg. de Gràcia) • Metro: Passeig de Gràcia (c 2) • Tel. 9 34 47 80 94 • www.farmacia-internacional.net

NOTRUF

Euronotruf Tel. 112
(Polizei, Feuerwehr, Rettungsdienst)

POST

Auf Spanisch heißt Post »correos«. Das Hauptpostamt liegt an der Plaça d'Antoni López/Via Laietana (Mo–Fr 9–21, Sa 9–14 Uhr), es ist u.a. zuständig für Postlager-, Postgiro-, Paket-, Telegramm-, Fax- und Telexdienste.

REISEDOKUMENTE

Deutsche, Österreicher und Schweizer können mit einem gültigen Reisepass oder Personalausweis (Identitätskarte) einreisen. Kinder unter

Erlesene *Ziele*

Auf den Spuren berühmter Persönlichkeiten

Paris ist der einzige Ort, an dem der Mensch wirklich so leben darf, wie er will.

Paris bedeutet laufen. Paris ist eine Hure. Paris ist eine Messe wert.

Wenn der liebe Gott sich im Himmel langweilt, öffnet er das Fenster und betrachtet die Boulevards von Paris. Jedes Mal, wenn ich in den Elysée-Palast komme, ist es ein bisschen so, als ob ich nach Hause käme.

HAMBURG
Eine Stadt in Biographien

MERIAN porträts

BARCELONA
Eine Stadt in Biographien

MERIAN porträts

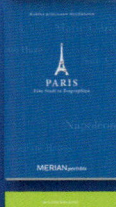

BERLIN
Eine Stadt in Biographien

MERIAN porträts

DUBLIN
Eine Stadt in Biographien

MERIAN porträts

LONDON
Eine Stadt in Biographien

MERIAN porträts

MÜNCHEN
Eine Stadt in Biographien

MERIAN porträts

NEW YORK
Eine Stadt in Biographien

MERIAN porträts

PARIS
Eine Stadt in Biographien

MERIAN porträts

PRAG
Eine Stadt in Biographien

MERIAN porträts

ROM
Eine Stadt in Biographien

MERIAN porträts

SAN FRANCISCO
Eine Stadt in Biographien

MERIAN porträts

ST. PETERSBURG
Eine Stadt in Biographien

MERIAN porträts

STOCKHOLM
Eine Stadt in Biographien

MERIAN porträts

WIEN
Eine Stadt in Biographien

MERIAN porträts

VENEDIG
Eine Stadt in Biographien

MERIAN porträts

ZÜRICH
Eine Stadt in Biographien

MERIAN porträts

MERIAN porträts

16 Jahren benötigen inzwischen ein eigenes Ausweisdokument.

REISEKNIGGE

In Badekleidung oder mit Unterhemd und Hosenträgern durch Barcelona zu schlendern gilt als unzivilisiert und wird bestenfalls auf den Ramblas geduldet. Kleidung darf extrem modisch, sogar spleenig ausfallen, sollte aber stets sauber und kultiviert sein.

Huhn und Meeresfrüchte dürfen mit den Fingern gegessen werden. Nur in edlen Lokalen verzehrt man diese Delikatessen mit dem Besteck. Setzt man sich zu den üblichen Essenszeiten, wird davon ausgegangen, dass man auch ein Gericht bestellt. Wer nur trinken will, bleibt am Bartresen. Der typisch katalanische Volkstanz Sardana darf mitgetanzt werden, auch wenn man die Schrittabfolge nicht so ganz beherrscht. Das Mittanzen sollte aber keinesfalls als ausgelassenes Vergnügen oder beschwingte Albernheit verstanden werden.

Das Handeln sollten Sie im Geschäft besser lassen. Es wird nicht gern gesehen, wenn ein Kunde um den Preis feilschen will. Gibt es Preisnachlässe, sind sie angegeben.

REISEZEIT

Wegen der Hitze und der Ferienzeit ist der August kein guter Zeitpunkt, die Stadt zu genießen. Das Kultur- und Konzertangebot ist dann sehr eingeschränkt. Viele Museen sind nicht klimatisiert, und die Tageshitze macht Ausflüge schnell zur Strapaze.

STADTRUNDFAHRTEN

Bus Turístic

TMB, die Verkehrsgesellschaft der Stadt, bietet den »Bus Turístic« an, der auf drei Routen zahlreiche interessante Ziele anfährt, wobei das Ein- und Aussteigen jederzeit möglich ist. Das Tagesticket kostet im Onlineshop (http://bcnshop.barcelonaturisme.com) 21,60 €, das Ticket für zwei Tage 27,90 €. Zusätzlich bekommen Sie Ermäßigungen auf die Eintrittspreise vieler Attraktionen. Weitere Infos: www.tmb.cat.

Tramvia Blau

Die Tramvia ist eine betagte Straßenbahn, die die Plaça John F. Kennedy mit dem Tibidabo verbindet und dabei durch ein elegantes Villenviertel fährt. Tickets (3 €, hin und zurück 4,80 €) gibt es direkt in der Bahn (vgl. auch Spaziergang 9).

Rundflüge und Scooter-Fahrten

Helikopterflüge bietet das Unternehmen Helipistas an. Informationen unter www.barcelonaturisme.com. Verleih von Motorrollern (Scooter) mit Zubehör: Cooltra Motos S.L., Tel. 9 32 24 12 23, info@cooltra.com sowie www.vesping.com. Rundfahrten im Motorradbeiwagen gibt es unter www.ridebrightside.com.

Sightjogging

Der Deutsche Arnd Krüger begleitet Touristen beim Joggen und betätigt sich dabei als Stadtführer. Acht Touren zwischen 8,5 km und 15 km stehen zur Auswahl. Pro Stunde werden 70 € erhoben, 90 Min. kosten 100 €. www.sightjogging-barcelona.de

TELEFON

VORWAHLEN

D, A, CH ▶ Spanien 00 34
Spanien ▶ D 00 49
Spanien ▶ A 00 43
Spanien ▶ CH 00 41

Telefonieren im Hotel ist bisweilen ziemlich teuer. Preiswerter telefoniert man aus Münzfernsprechern oder »locutoris«. In diesen Telefonzentralen bezahlt man nach Ende des Gesprächs an der Kasse. Locutoris gibt es etwa an der Estació de Sants (Eingangshalle, bis 22.45 Uhr) oder an der Plaça de Catalunya/Fontanella 2 (Mo–Sa bis 21 Uhr). Spätabends und an Wochenenden gelten verbilligte Tarife. Telefonkarten (»tarjetas telefónicas«) kosten 6, 12 oder 15 €. Es gibt sie bei der Post oder an Kiosken. Spanische Mobil-Telefonnummern beginnen in der Regel mit der Ziffer 6. »Móvil« nennt man das Mobiltelefon auf Spanisch.

TRINKGELD

»Propina« lautet die spanische Bezeichnung für Trinkgeld. Für zufriedenstellende Leistungen im Restaurant oder Hotel, bei Taxifahrten, geführten Exkursionen sowie an Gepäckträger gibt man ca. 5–10 % des Gesamtbetrages.

VERKEHR
AUTO

Die Benutzung eines Autos im Zentrum wird nicht empfohlen. Die Ausfallstraßen sind zwar mehrspurig und modern ausgebaut, die Verkehrsdichte ist jedoch in den Stoßzeiten morgens und abends nach Büroschluss extrem hoch. Bei Fahrten durch die Innenstadt ist ein Stadtplan unerlässlich. Die Anzahl der Parkflächen ist unzureichend, die Nutzung von Parkhäusern teuer.

FAHRRAD

Das teilweise gebirgige Gelände, vor allem aber das völlig von Autos, Motorrädern und Mofas dominierte Verkehrssystem machen Barcelona für Touristen alles andere als fahrradfreundlich. Wer sich nicht abschrecken lassen möchte: Geeignet für eine Fahrradtour in Barcelona ist beispielsweise die Strandpromenade ab Barceloneta am Strand stadtauswärts oder der Ciutadella-Park. Fahrradverleih bei **Icaria Sports**, Av. Icaria 180, Tel. 9 32 21 17 28. Gut organisierte Fahrradtouren durch Barcelona bieten **Fat Tire Bike Tours** (C. Escudellers 48, Tel. 9 33 01 36 12, www.fattirebiketoursbarcelona.com) oder **Classic Bikes** (C. Tallers 45, www.barcelonarentbikes.com).

MIETWAGEN

Die größte Auswahl gibt es am Flughafen, z. B. **Avis** (Tel. 9 32 98 36 00), **Europcar** (Tel. 9 32 98 33 00), **Hertz** (Tel. 9 32 98 36 36). Ratsam ist der Abschluss einer Vollkasko-Versicherung, zudem sollte man die Bedingungen im Leihvertrag genau prüfen. Günstiger Anbieter: www.pepecar.com.

ÖFFENTLICHE VERKEHRSMITTEL

In Barcelona gibt es mehrere Metro- und Buslinien, vier Zahnradbahnen und eine Seilbahn. Die Stadt lässt sich auf diese Weise schnell und günstig entdecken. Eine Einzelfahrt im Zentrum kostet 2 €, eine Zehnerkarte 9,25 € und eine Tageskarte 6,95 €. Darüber hinaus gibt es Zweitages- (12,80 €), Dreitages- (18,50 €) und Viertageskarten (23,50 €).
Bequem, schnell und billig kommt man insbesondere mit der **Metro** voran. Sie ist allerdings nicht gerade kinderwagen- und behindertenfreundlich; oft sind viele Stufen zu überwinden, und Aufzüge gibt es nur wenige. Die Metro verkehrt un-

ter der Woche von 5 bis 24, am Wochenende von 5 bis 2 Uhr. Während der Pause in der Nacht fahren spezielle **Nachtbusse** (»Nit Bus«).

Daneben gibt es einen speziellen **Shoppingbus** (»Tombbus«), der die wichtigsten Einkaufsstraßen miteinander verbindet und zwischen der Plaça Catalunya und der Plaça Pius XII verkehrt. Das einfache Ticket kostet 1,50 €, das »T-Shopping« genannte Tagesticket 5,20 €.

Die **Standseilbahn** zum Montjuïc (»Telèferic de Montjuïc«) kostet derzeit 9 € (hin und zurück).

Auskünfte zu Preisen und Fahrplänen erhalten Sie bei der Verkehrsgesellschaft TMB, Tel. 9 33 18 70 74 oder unter www.tmb.cat.

TAXIS

Rund 11 000 schwarz-gelbe Taxis gibt es in der Stadt. Ist das Taxi frei, leuchtet auf dem Dach eine grüne Lampe. Tarife und Gepäck-, Nacht- und Flughafenzuschläge sind meist im Innern des Wagens angeschlagen.

Der Taxameter muss stets unaufgefordert eingeschaltet sein. Taxiruf unter Tel. 9 33 92 22 22, 9 33 58 11 11, 9 33 30 03 00, 9 34 90 22 22 und 9 34 90 44 44.

ZOLL

Reisende aus Deutschland und Österreich dürfen Waren abgabenfrei mit nach Hause nehmen, wenn diese für den privaten Gebrauch bestimmt sind. Bestimmte Richtmengen sollten jedoch nicht überschritten werden (z. B. 800 Zigaretten, 90 l Wein, 10 kg Kaffee). Weitere Auskünfte unter www.zoll.de und www.bmf. gv.at/zoll.

Reisende aus der Schweiz dürfen Waren im Wert von 300 SFr abgabenfrei mit nach Hause nehmen, wenn diese für den privaten Gebrauch bestimmt sind. Tabakwaren und Alkohol fallen nicht unter diese Wertgrenze und bleiben in bestimmten Mengen abgabefrei (z. B. 200 Zigaretten oder 2 l Wein). Weitere Informationen unter www.zoll.ch.

WEGZEITEN (IN MINUTEN) ZWISCHEN WICHTIGEN SEHENSWÜRDIGKEITEN
*mit öffentlichen Verkehrsmitteln

	Casa Battló, Casa Amatller	Catedral	Mercat de la Boquería	Mon. a Colom	Museu Picasso	Parc Güell	Montjuïc	Poble Espanyol	Port Olímpic	Sagrada Família
Casa Battló, Casa Amatller	–	13	15	25	20	40*	45	35*	20*	25
Catedral	13	–	5	10	8	45*	35	40*	20*	15*
Mercat de la Boquería	15	5	–	10	13	40*	30	35*	25*	15*
Mon. a Colom	25	10	10	–	18	45*	25	30*	30	20*
Museu Picasso	20	8	13	18	–	50*	35	40*	25	25*
Parc Güell	40*	45*	40*	45*	50*	–	60*	50*	50*	35*
Montjuïc	45	35	30	25	35	60*	–	20	45*	40*
Poble Espanyol	35*	40*	35*	30*	40*	50*	20	–	50*	40*
Port Olímpic	20*	20*	25*	30	25	50*	45*	50*	–	25*
Sagrada Família	25	15*	15*	20*	25*	35*	40*	40*	25*	–

Kartenatlas
Maßstab 1:10 000

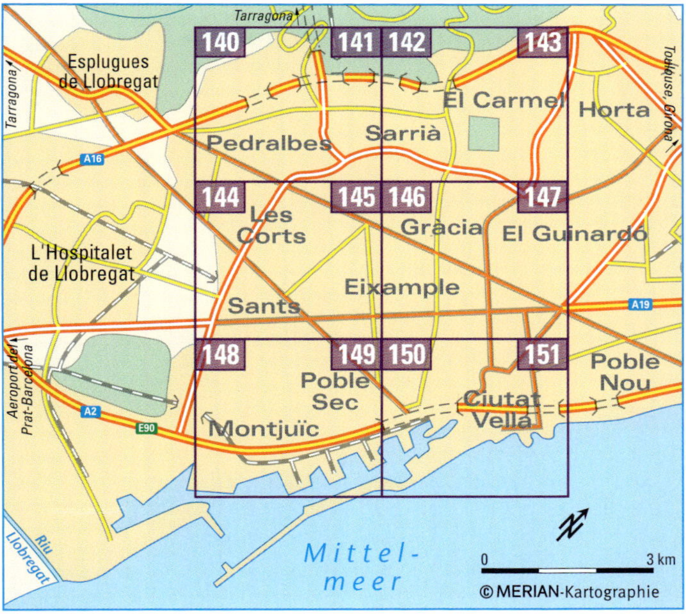

Tarragona

140 141 142 143

Esplugues de Llobregat

El Carmel Horta

Pedralbes Sarrià

A16

144 145 146 147

Les Corts Gràcia El Guinardó

L'Hospitalet de Llobregat

Eixample

A19

Sants

148 149 150 151

Poble Sec Poble Nou

A2 E90

Ciutat Vella

Montjuïc

Aeroport del Prat-Barcelona

Tarragona

Toulouse, Girona

Mittel- meer

Riu Llobregat

0 ———— 3 km

© MERIAN-Kartographie

Legende

Sehenswürdigkeiten

- ⬠ MERIAN-TopTen
- ▢ Sehenswürdigkeit, öffentl. Gebäude
- ✳ Sehenswürdigkeit Kultur
- ✱ Sehenswürdigkeit Natur
- ⛪ Kirche; Kloster
- 🏰 Schloss, Burg; Ruine
- ☪ Moschee; Synagoge
- 🏛 Museum; Denkmal
- 🏭 Leuchtturm; Windmühle

Verkehr

- ═══ Autobahn
- ═══ Autobahnähnliche Straße
- ─── Fernverkehrsstraße
- ─── Hauptstraße
- ─── Nebenstraße
- ─── Unbefestigte Straße, Weg
- Fußgängerzone
- P Parkmöglichkeit
- B H Busbahnhof; Bushaltestelle
- M Metrostation
- Ferrocarril

Verkehr ff.

- renfe Bahnhof
- ⚓ Schiffsanleger
- ✈ ⊕ Flughafen; Flugplatz

Sonstiges

- i Information
- Theater
- Markt
- Zoo
- Botschaft, Konsulat
- ☼ Aussichtspunkt
- † † † Friedhof

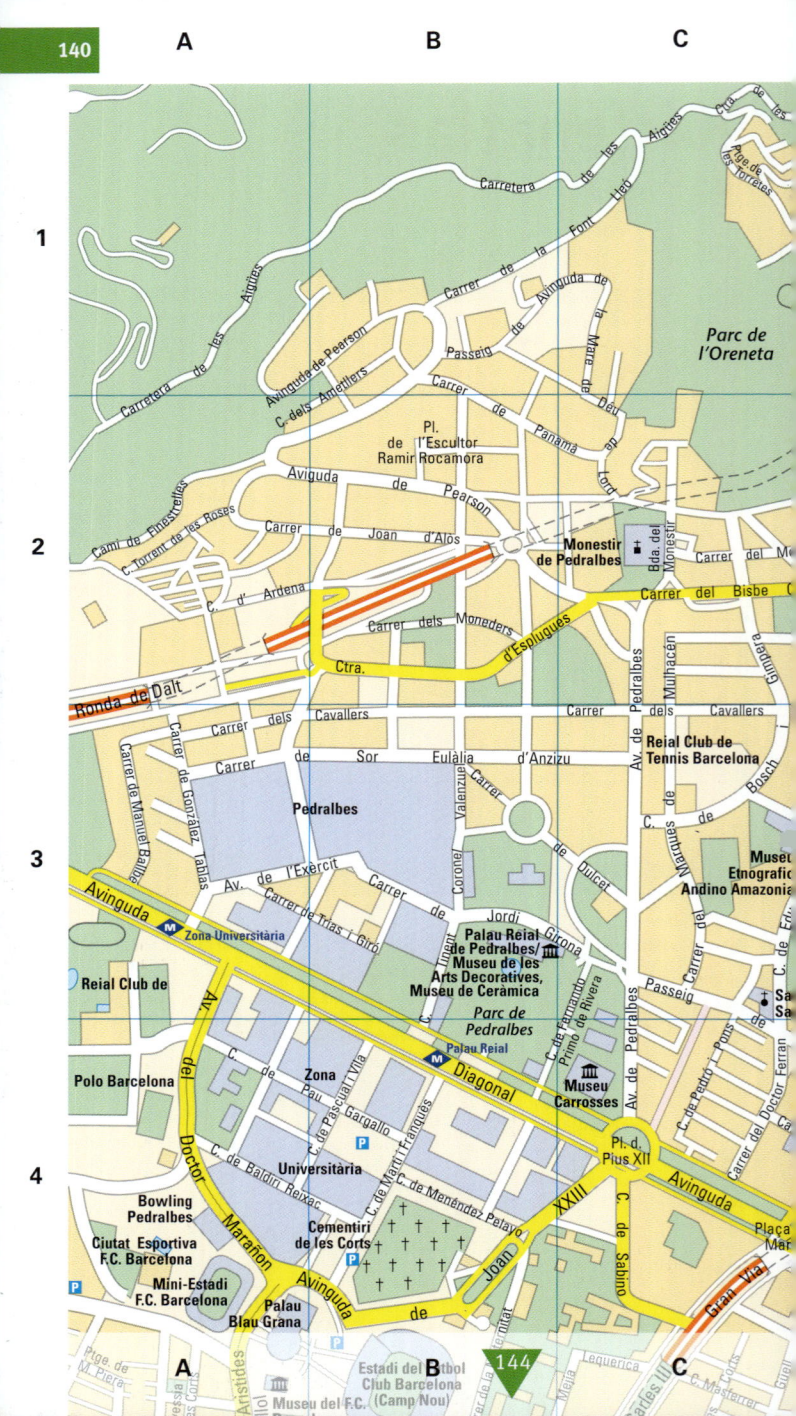

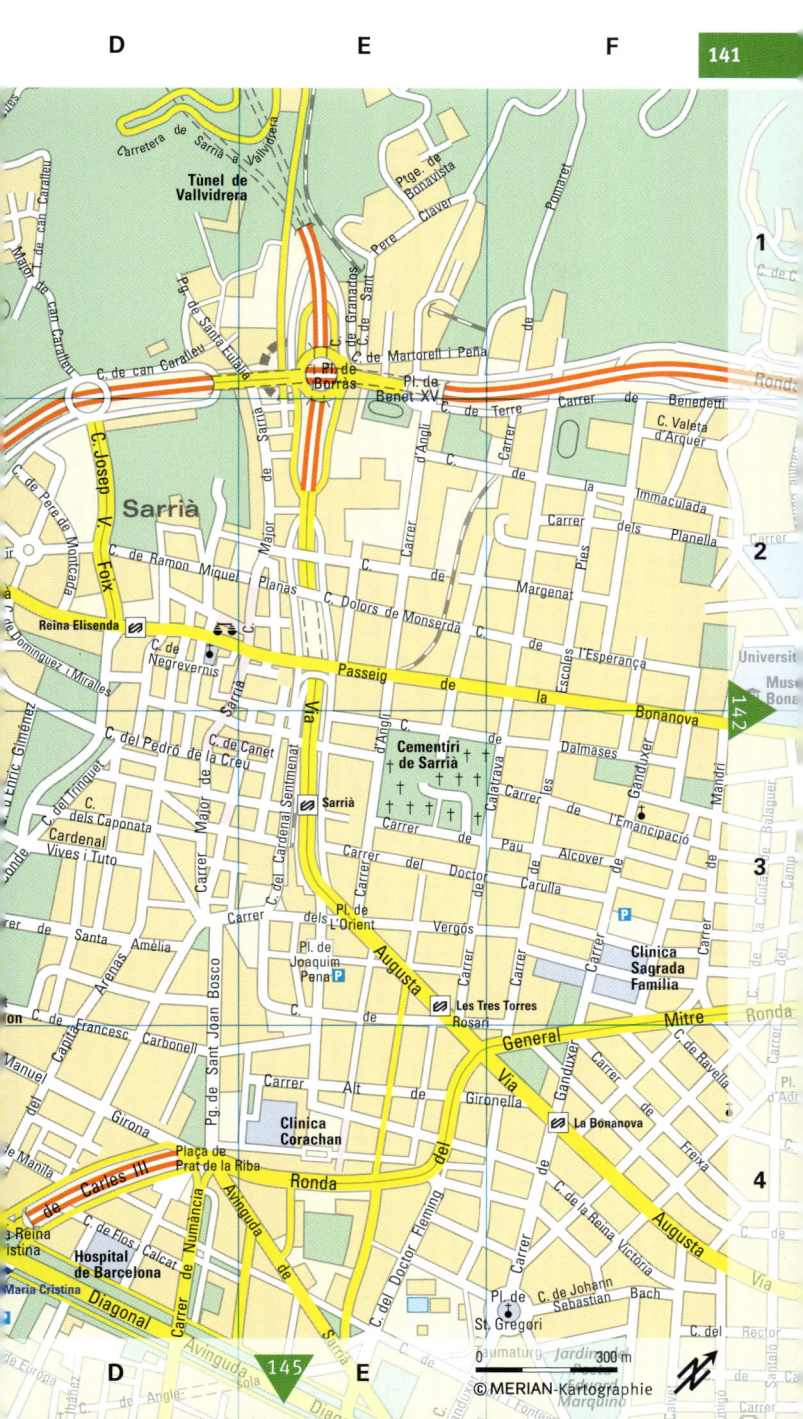

5

C. de Carles Riba

Carretera de les Àigües

Funicular

Tibidabo

Carretera de

Carrer

Carrer

Carretera

Arnús

Manuel

de

les

Carrer

del

Madurell

C. de Salvador Alarma

C. de Vall

Cementiri Sant Gervasi

Ronda de Dalt

C. d'Adrià Margarit

Tibidabo

Pl. del Doctor Andreu

H Tramvia Blau 9

C. de Lluís Muntadas

Colcerola

Carretera

Passeig

6

Carrer

dels

Jaume

Cancer

Carrer

de

Jesús

Quatre

Camins

Cister

Maria

Cosmocaixa Museu de la Ciència

Pl. de la Central

C. de Lleó XIII

C. de l'Assutzena

Carrer

Gervasi

Avinguda

Terradas

C. de l'Hospital

Penitents

Centre Geriàtric Municipal

Universitat

Museu de la Salle Bonanova

141

Passeig

de

Balmes

9 H Centre Mèdic Salús Tramvia Blau

Sant

Avinguda del Tibidado

Bertran

C. de Marmellà

d'Esteve

de

Passatge Gomis

Carrer

d'Hurtado

Hospital Militar

Centre Mèdic Delfos

Passeig

Carrer de Sa

7

Carrer

Muntaner

de

Carrer

Ciutat

Balaguer

de

Camp

Carrer

de

Sant Gervasi de Cassoles

Lanadord

Madrid

El Putget

Carrer

de

Mustró

C. de

Gomis

República

Vallcarca

M 9

Baixada de Briz

Carrer

Jardins del Turó del Putget

Manacor

Baixada de la Glòria

de

Vallcarca

Ronda

del

General

Sant Gervasi de Cassoles

Carrer

d'Escipió

de

Ballester

Avinguda

Pl. d'Adrià

Jardins del Turó de Monterols

Padua

Carrer

de

Pàdua

Mitre

Pàdua

Pl. de Lessèps

Travessera

8

C. de Descartes

Copernic

C. de Sant Elies

Balmes

Saragossa

Sant Gervasi

Augusta

Plaça de Molina

Guillem Tell

Plaça Molina

Lesseps M

Pl. de Mañé i Flaquer

d'Asturies

Casa Vicenç

Pere

de

C. de Maignon

Gràcia

C. de

C. de Berlin

Via

Rector

Ubach

Carrer

C. del

de

Augusta

146

C. Sta. Àgata

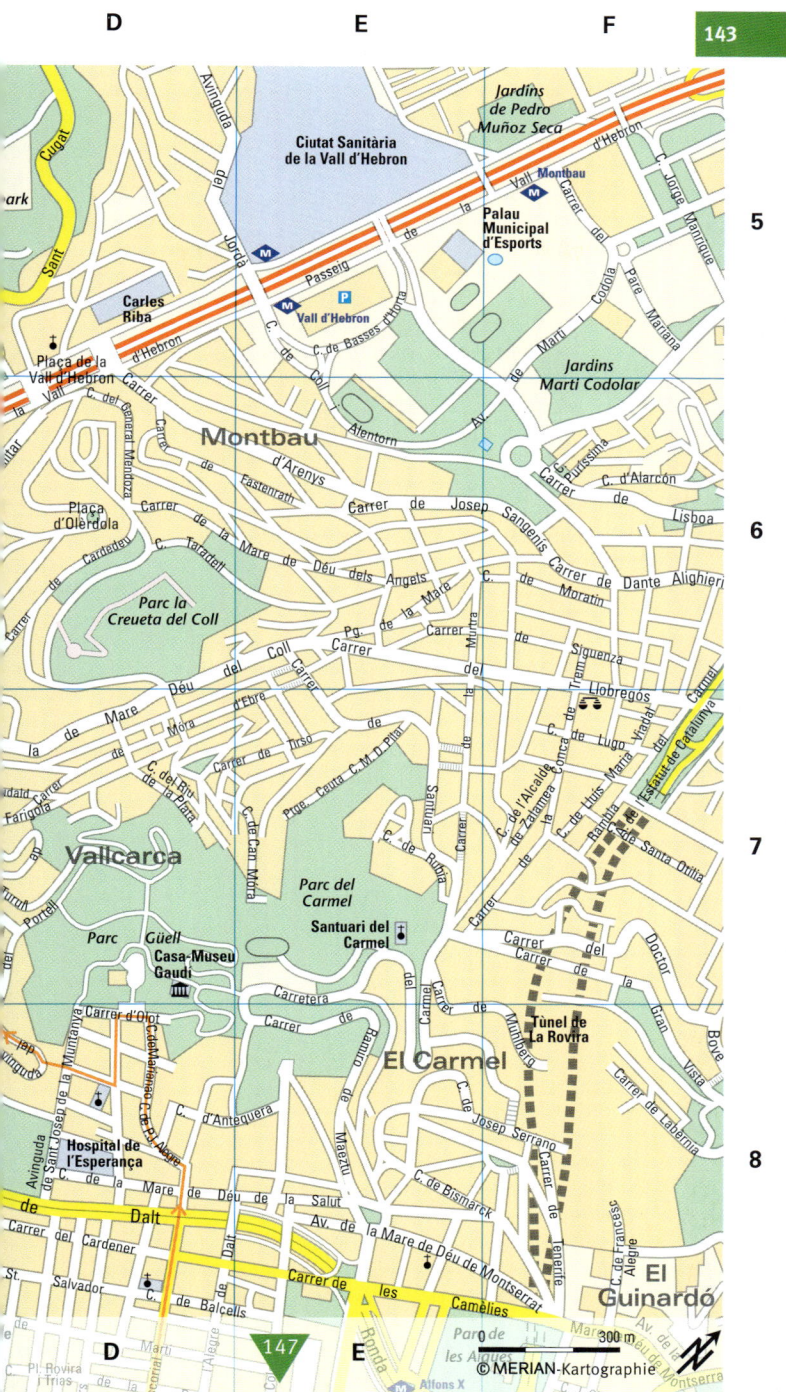

Jardins de Pedro Muñoz Seca

Ciutat Sanitària de la Vall d'Hebron

Montbau

Palau Municipal d'Esports

Carles Riba

Vall d'Hebron

Plaça de la Vall d'Hebron

Jardins Martí Codolar

Montbau

d'Arenys

Plaça d'Olèrdola

Carrer de Josep Sangenís

Carrer de Dante Alighieri

C. d'Alarcón

Lisboa

Parc la Creueta del Coll

Carrer de Moratín

Pg. de la Mare

Llobregós

Parc del Carmel

Vallcarca

Santuari del Carmel

Parc Güell

Casa-Museu Gaudí

El Carmel

Tùnel de La Rovira

Hospital de l'Esperança

de Dalt

El Guinardó

Carrer del Cardener

St. Salvador

Carrer de les Camèlies

Parc de les Aigües

300 m

© MERIAN-Kartographie

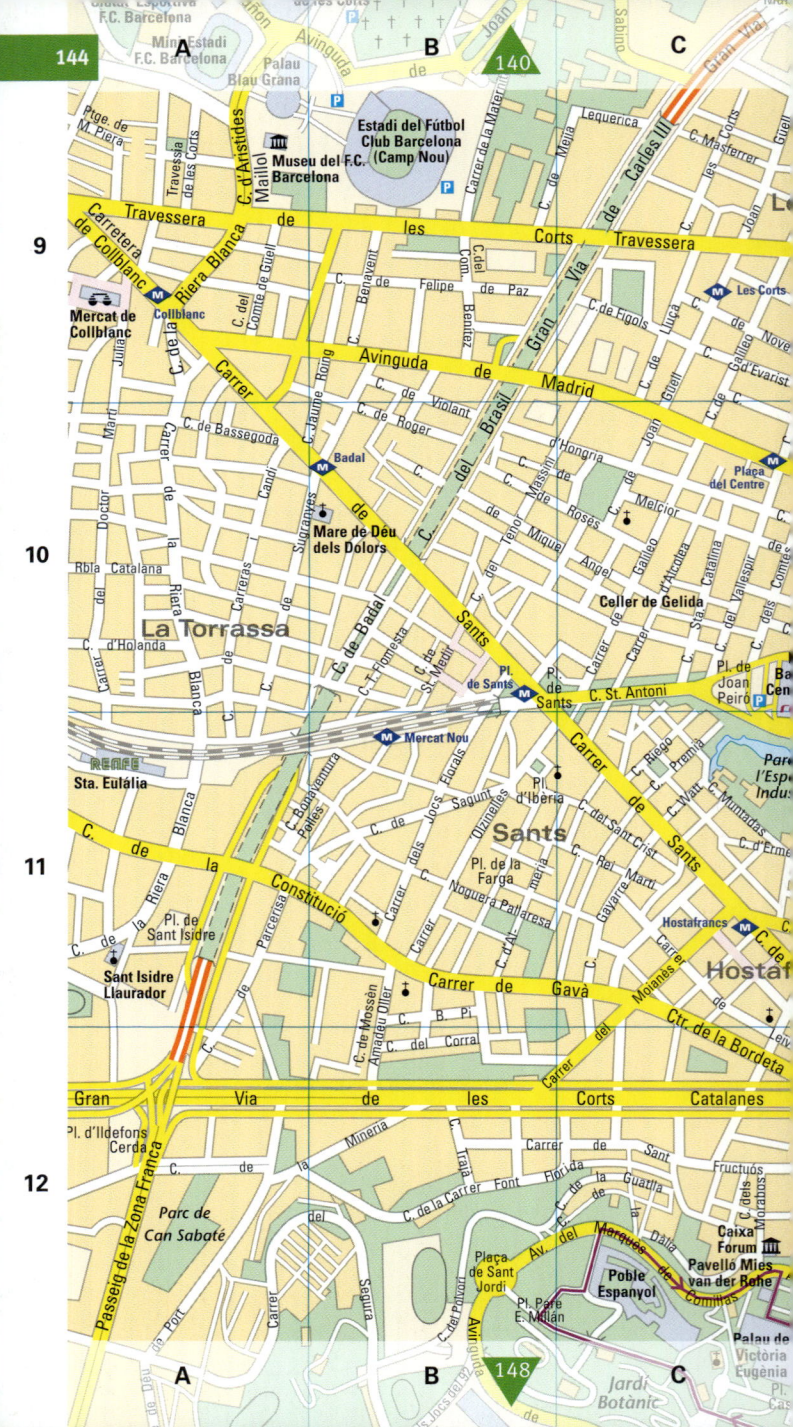

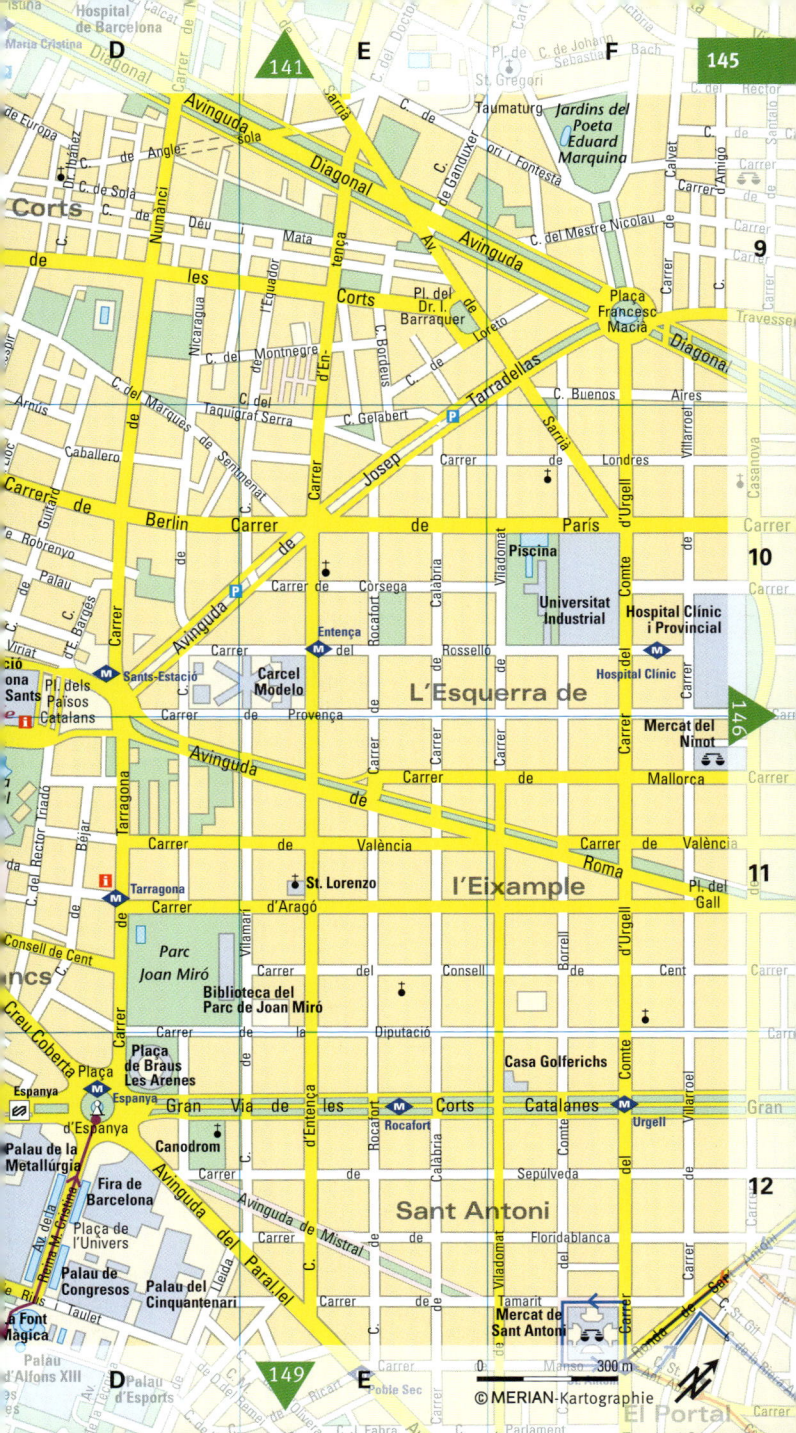

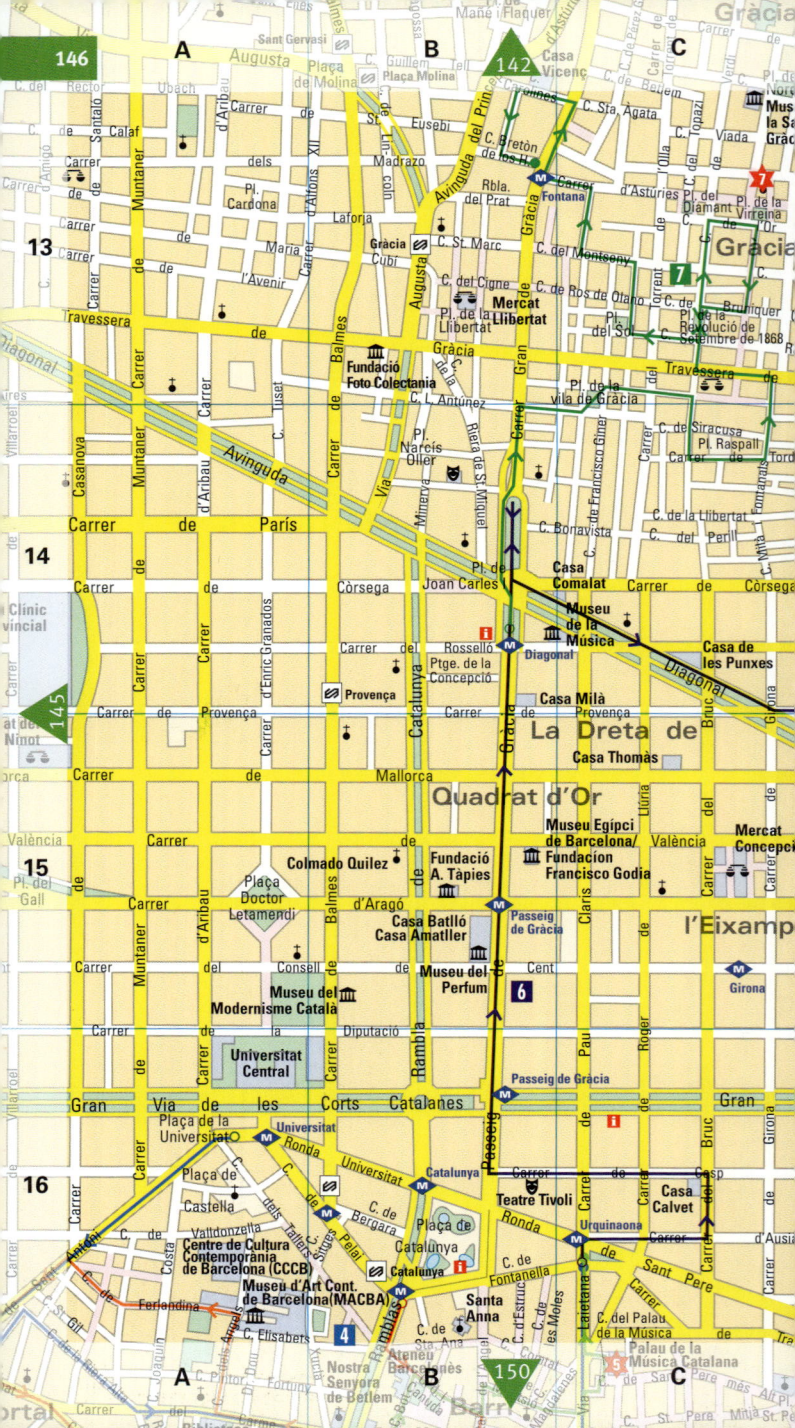

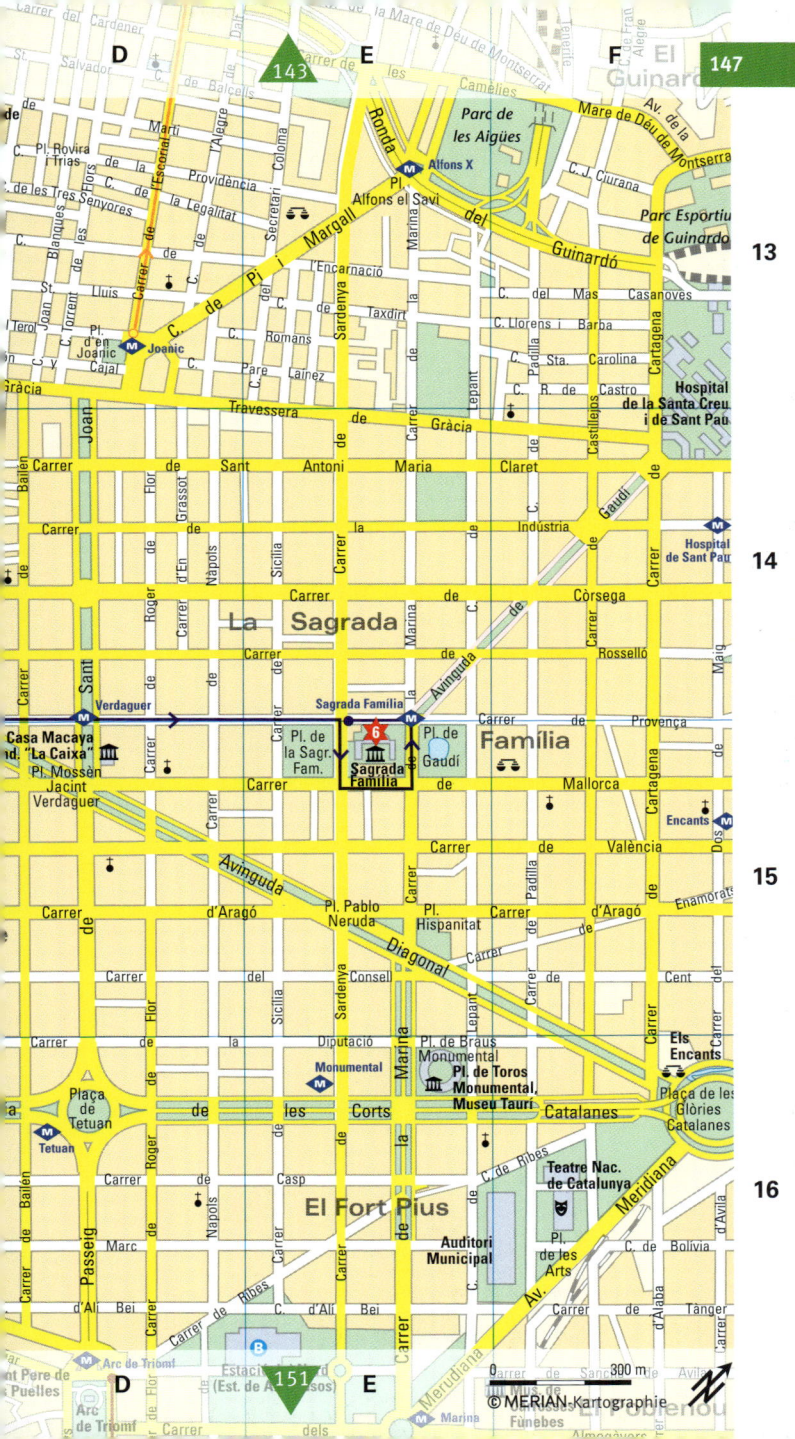

A   B   144   C

Poble Espanyol

Pavelló Mies van der Rohe

Palau de Victoria Eugènia

Jardí Botànic

Pl. c Cas

Palau Nacional

Museu Naci d'Art de Cataluny

17

C. dels Alts Forns

C. de les Diligencies

C. de la Pedrera

Carrer

Carrer

del

Carrer de la

C. del Marbre

Plaça d'Europa

Piscines Bernat Picornell

M u n t a n y a

Camp de Béisbol

Torre de Calatrava

Palau d'Esports Sant Jordi

Jardins d'Aclimatació

Passeig de

Minici Natal

Estadi Olímpic de Montjuïc

Pal Alb

La Bàscula

C. dels sots

C. de Pierre de Coubertin

C. de Pierre de Coubertin

C. del Foc

Museu Olímpic de l'Esport

Passeig

de l'Estadi

Avinguda

de

18

Carrer dels Ferrocarrils Catalans

C. de la Mare de Déu de Port

Parc del Migdia

Passeig

Migdia

d e

Passeig Olímpic

Carrer Dr. Fo

Jardí Botànic

M o n t j u ï c

Cementiri del

Sud-Oest

Camí del Moli

Carrer dels Motors

19

Via de Circulació del Nord

C. de Galtés

C. Félix Macià

Ronda

Cantunis

del

Camí del

Fe

de

Passeig

20

Passeig de

l'Agrícola

C. del Balneari

Moll d'Alvarez Campa

Moll per a Petrolis

Moll del

A   B   C

D   E   F

147

21

22

23

24

Arc de Triomf
t Pere de
Puelles
Arc
de Triomf
C. de Roger de Flor
Carrer
C. Buenaventura Muñoz
Passeig Lluís Companys

Estació del Nord
(Est. de Autobusos)

Meridiana

Marina

Mus. de
Carrosses
Fúnebes

El Poblenou

Almogàvers
Carrer   de   Sancho   de   Avila
d'Avila

Avinguda
dels

Carrer   d'Austria
de   Zamora
Pallars
Pere IV
de

Carrer   de   Pujades
Pamplona

21

Passeig de Pujades

Font
Monumental

Parc de la

Museu de
Ciències Naturals

Ciutadella

Parlament
de Catalunya,
Museu d'Art Modern

Parc Zoològic

Passeig de Picasso
Passeig de Circumval·lació

Carrer   Wellington
Carrer   Sardenya
Carrer   de   la   Marina
Carrer
Carrer   de   Ramon   de   Trias
Carrer   del

Carrer   Joan
de
Avinguda   del

Bogatell

de

Ramon   Miro
Carrer
Carrer   del   Doctor

Carrer   Bogatell
de
Carrer   Trueta
d'Àlaba
Carrer
Llull
Turró

Vila Olímpica

de
Carrer
d'Icària

C.d. F. Mompou
Carrer

22

Avinguda   d'Icària

Vila Olímpica

Ciutadella-Vila
Olímpica
C.

Cinturó
del

Carrer
de

Litoral
Salvador
Espriu
Parc del
Port Olímpic

23

Torre de les
Aigües
La
rceloneta
C.d. Gas

C. d.
Trelawny

Peix d'Or

Hospital
Nostra Senora
del Mar

g Marítim de la Barceloneta

Torre Mapfre

C. de la Marina

Platja
de la Nova Icària

Centre Mun.
de Vela

Platja de la Barceloneta

Port Olímpic

24

t t e l m e e r

D   E

0   300 m
© MERIAN-Kartographie

Kartenregister

Orts- und Sachregister

Wird ein Begriff mehrfach aufgeführt, verweist die **fett** gedruckte Zahl auf die Hauptnennung, eine *kursive* Zahl auf ein Foto.

Liebe Leserinnen und Leser,
vielen Dank, dass Sie sich für einen Titel aus unserer Reihe MERIAN *live!* entschieden haben. Wir freuen uns, Ihre Meinung zu diesem Reiseführer zu erfahren. Bitte schreiben Sie uns an merian-live@travel-house-media.de, wenn Sie Berichtigungen und Ergänzungen haben – und natürlich auch, wenn Ihnen etwas ganz besonders gefällt.

Alle Angaben in diesem Reiseführer sind gewissenhaft geprüft. Preise, Öffnungszeiten usw. können sich aber schnell ändern. Für eventuelle Fehler übernimmt der Verlag keine Haftung.

© 2013 TRAVEL HOUSE MEDIA
GmbH, München
MERIAN ist eine eingetragene Marke der
GANSKE VERLAGSGRUPPE.

Alle Rechte vorbehalten. Nachdruck, auch auszugsweise, sowie die Verbreitung durch Film, Funk, Fernsehen und Internet, durch fotomechanische Wiedergabe, Tonträger und Datenverarbeitungssysteme jeglicher Art nur mit schriftlicher Genehmigung des Verlages.

**BEI INTERESSE AN DIGITALEN DATEN
AUS DER MERIAN-KARTOGRAPHIE:**
kartographie@travel-house-media.de

**BEI INTERESSE AN MASSGESCHNEI-
DERTEN MERIAN-PRODUKTEN:**
Tel. 0 89/4 50 00 99 12
veronica.reisenegger@travel-house-media.de

BEI INTERESSE AN ANZEIGEN:
KV Kommunalverlag GmbH & Co KG
Tel. 0 89/9 28 09 60
info@kommunal-verlag.de

TRAVEL HOUSE MEDIA
Postfach 86 03 66
81630 München
merian-live@travel-house-media.de
www.merian.de

1. Auflage

PROGRAMMLEITUNG
Dr. Stefan Rieß
REDAKTION
Juliane Helf
LEKTORAT
Kerstin Seydel-Franz
BILDREDAKTION
Lisa Grau, Tobias Schärtl
SCHLUSSREDAKTION
Ulla Thomsen
SATZ/TECHNISCHE PRODUKTION
h3a GmbH, München
REIHENGESTALTUNG
Independent Medien Design,
Elke Irnstetter, Mathias Frisch
KARTEN
Gecko-Publishing GmbH
für MERIAN-Kartographie
**DRUCK UND BUCHBINDERISCHE
VERARBEITUNG**
Stürtz Mediendienstleistungen, Würzburg

TRAVEL
HOUSE
MEDIA

Ein Unternehmen der
GANSKE VERLAGSGRUPPE

PEFC
PEFC/04-31-1404